Jacob Bernays

Die aristotelische Theorie des Drama

Jacob Bernays

Die aristotelische Theorie des Drama

ISBN/EAN: 9783743311749

Hergestellt in Europa, USA, Kanada, Australien, Japan

Cover: Foto ©Thomas Meinert / pixelio.de

Manufactured and distributed by brebook publishing software (www.brebook.com)

Jacob Bernays

Die aristotelische Theorie des Drama

ZWEI ABHANDLUNGEN

ÜBER

DIE ARISTOTELISCHE THEORIE DES DRAMA.

VON

JACOB BERNAYS.

I. GRUNDZÜGE DER VERLORENEN ABHANDLUNG DES ARISTOTELES ÜBER WIRKUNG DER TRAGÖDIE.
II. ERGÄNZUNG ZU ARISTOTELES' POETIK.

BERLIN 1880.
VERLAG VON WILHELM HERTZ.
(BESSERSCHE BUCHHANDLUNG.)

Die an der Spitze dieses kleinen Bandes stehende Schrift über die aristotelische Theorie der Tragödie ist seit ihrem ersten Erscheinen im Jahre 1857 der Ausgangspunct einer grossen Anzahl anderer sie bestreitender oder billigender Schriften geworden. A. Döring*) hat die bis zum Jahre 1876 hervorgetretenen mit erschöpfender Vollständigkeit aufgeführt, und Eduard Zeller**), der sich die Mühe gegeben hat, die Döring'schen Listen und sonstigen Anführungen zu summiren, erhielt das Facit von ‚gegen siebzig' Stücken, ‚grossen Theils aus den letzten Jahrzehnden.' Auch die seit 1876 verflossenen Jahre haben noch einen keineswegs kärglichen Zuwachs hervorgebracht. Die Schrift selbst jedoch, die ein so zahlreiches beifälliges und abfälliges Gefolge nach sich gezogen hat, war seit längerer Zeit im gewöhnlichen Wege des Buchhandels nicht mehr zu erlangen, und es häuften sich die Mahnungen, dass gewissermaassen die litterärische Pflicht es gebiete, eine Schrift nicht unzugänglich werden zu lassen, deren Kentniss zum Verstehen so vieler anderer Schriften erforderlich ist. Sollte nun dieser nächsten, nicht wohl abzuweisenden Pflicht genügt werden, so hätten wesentliche, den Stand der Controverse verschiebende Aenderungen selbst dann nicht vorgenommen werden dürfen, wenn — was nicht der Fall ist — die Ansichten des Verfassers sich geändert hätten. Der Versuch aber, die ursprünglichen Aufstellungen in längeren Ausführungen

---

*) Die Kunstlehre des Aristoteles, Jena 1876, S. 263 ff.
**) Die Philosophie der Griechen, zweiter Theil, zweite Abtheilung S. 772 Anm. 5 der dritten Auflage vom Jahre 1879.

gegen jeden erhobenen Widerspruch zu rechtfertigen, hätte, bei der so beträchtlichen Anzahl der Mitforschenden und Mitredenden, schwerlich gewagt werden können, ohne der Darstellung die fassliche Uebersichtlichkeit, also gerade diejenige Eigenschaft zu rauben, auf der die Wirkung, welche sie gemacht hat, nicht zum kleinsten Theile beruht haben mag. Es schien daher gerathen, Alles so wie es vor zweiundzwanzig Jahren entstanden ist, unangetastet und unbeschützt stehen zu lassen und die damals gewählte Fassung, nachdem sie eine so lebhafte Debatte hervorgerufen hat, nun auch wie ein Actenstück zu behandeln, über das selbst dem Urheber, sobald er es einmal ausgefertigt hat, keine Macht des Hinzuthuns oder Davonthuns mehr zusteht.

Zweckmässig schien es jedoch, zwei Aufsätze verwandten Inhalts beizufügen, welche vor längerer Zeit im Rheinischen Museum veröffentlicht wurden. Der erste derselben giebt einige Nachträge zu den Erörterungen über die Wirkung der Tragödie. Der zweite, welcher einem späten Schriftstück eine ‚Ergänzung zu Aristoteles' Poetik‘ abzugewinnen sucht, behandelt die Theorie der Komödie.

Das in diesem Neudruck Hinzugekommene ist durch eckige Klammern als solches bezeichnet. In der Abhandlung über die ‚Wirkung der Tragödie‘ beschränken sich die Zusätze fast immer auf kurze Bemerkungen und Verweisungen. Etwas eingreifender musste an einigen Stellen der ‚Ergänzung zu Aristoteles' Poetik‘ verfahren werden, in Folge der Ergebnisse, welche eine genauere Untersuchung der in Betracht kommenden Pariser Handschrift geliefert hat (siehe S. 137).

Die Paginirung des ersten Drucks ist am oberen Rande der Seite in eckigen Klammern angegeben.

Bonn, December 1879.

Inhalt.

	Seite
I. Grundzüge der verlorenen Abhandlung des Aristoteles über Wirkung der Tragödie. .	1—118

Anmerkungen: **1.** Wesentliches und Zufälliges. Dialog περὶ ποιητῶν, Seite 79. — **2.** Goethe; Körner, Seite 84. — **3.** περαίνειν διά τινος, Seite 85. — **4.** Herder, Seite 86. — **5.** Olymposlieder; Korybantiasmos; Fragment des Klearchos, Seite 88. — **6.** κάθαρσις; Reiz, Seite 92. — **7.** Lambin; Heinsius; Milton, Seite 94. — **8.** Aristoteles als Arzt, Seite 95. — **9.** πάθος; πάθημα, Seite 99. — **10.** ὁ τοιοῦτος, Seite 103. — **11.** Aristotelische Bruchstücke bei Proklos; Eudemos; Syssitikos, Seite 105. — **12.** Porphyrios über Götter und Dämonen; [Xenokrates], Seite 107. — **13.** Proklos' Vorlesungen über Platons Staat, Seite 109. — **14.** ἀφοσιοῦσθαι, Seite 110. — **15.** ἀπέρασις, Seite 112. — **16.** Werth der Affecte, Seite 113. — **17.** Augustinus über Tragödie, Seite 115.

Ein Brief an Leonhard Spengel über die tragische Katharsis bei Aristoteles. . .	119—132
II. Ergänzung zu Aristoteles' Poetik	135—186

Grundzüge der verlorenen Abhandlung des Aristoteles über Wirkung der Tragödie.

(Zuerst erschienen in ‚Abhandlungen der historisch-philosophischen Gesellschaft in Breslau', erster Band S. 135 bis 202, und als Sonderausgabe, Breslau 1857.)

Die Definition vom Wesen der Tragödie (ὅρος τῆς οὐσίας) lautet bei Aristoteles zu Anfang des sechsten Capitels der Poetik: ἔστι... τραγῳδία μίμησις πράξεως σπουδαίας καὶ τελείας, μέγεθος ἐχούσης, ἡδυσμένῳ λόγῳ, χωρὶς ἑκάστῳ τῶν εἰδῶν ἐν τοῖς μορίοις, δρώντων καὶ οὐ δι' ἀπαγγελίας, δι' ἐλέου καὶ φόβου περαίνουσα τὴν τῶν τοιούτων παθημάτων κάθαρσιν. Diese Definition im Zusammenhang mit den in der aristotelischen Rhetorik gegebenen Entwickelungen über ‚Mitleid und Furcht' zu erläutern und gegen französische und deutsche Missverständnisse zu verwahren hat Lessing in der Dramaturgie (St. 77) unternommen, mit dem besten Erfolge für den ganzen bis zu περαίνουσα sich erstreckenden Theil. In der Behandlung der sechs letzten inhaltschweren Worte schreitet er jedoch nicht mehr so sicher fort; τοιούτων erstlich macht ihm Schwierigkeiten, und er entzieht sich ihnen durch folgende, mit seiner sonstigen scharfen Begrenzung von Mitleid und Furcht wenig verträgliche Wendung:

> ‚Das τοιουτων bezieht sich lediglich auf das vorhergehende Mitleid und Furcht; die Tragödie soll unser Mitleid und unsre Furcht erregen, blos um diese und dergleichen Leidenschaften, nicht aber alle Leidenschaften ohne Unterschied zu reinigen. Er sagt aber τοιουτων und nicht τουτων; er sagt ‚dieser und dergleichen' und nicht blos ‚dieser' um anzuzeigen,

dass er unter dem Mitleid nicht blos das eigentliche
sogenannte Mitleid, sondern überhaupt alle philan-
thropische Empfindungen, so wie unter der Furcht
nicht blos die Unlust über ein uns bevorstehendes
Uebel, sondern auch jede damit verwandte Unlust,
auch die Unlust über ein gegenwärtiges, auch die
Unlust über ein vergangenes Uebel, Betrübniss und
Gram, verstehe (7, 326 Maltz.).'

Ferner bedeutet Lessingen $\pi\alpha\vartheta\eta\mu\acute{\alpha}\tau\omega\nu$ ganz dasselbe
wie $\pi\alpha\vartheta\tilde{\omega}\nu$, und auch er, obgleich er sonst geschickt genug die Goldwage handhabt, auf welche die einzelnen
Worte dieser Definition gelegt sind, hat sich nicht die
Frage aufgeworfen, warum doch, wenn beide Wörter begrifflich gleichgelten, Aristoteles nicht lieber das von der
Rhetorik her für ‚Mitleid und Furcht‘ zuerst sich darbie-
tende $\pi\alpha\vartheta\tilde{\omega}\nu$ gewählt hat. — Endlich übersetzt Lessing
$\varkappa\acute{\alpha}\vartheta\alpha\varrho\sigma\iota\varsigma$ mit ‚Reinigung‘; worin die ‚Reinigung‘ bestehe,
will er ‚nur kurz sagen‘, während doch bei diesem Haupt-
punkte Jedermann, auch ‚die der Sache Gewachsenen‘ an
die Lessing bei einer verwandten Frage (St. 83 S. 349)
appellirt, eine ausführlichere Darlegung und Begründung
gerne gesehen hätten, zumal da die näheren Bestimmungen
über Katharsis, welche dem Aristoteles selbst unentbehrlich schienen und die er im achten Buch der Politik für
die Poetik aufsparen zu wollen erklärt, jetzt in **unserer**
Poetik vergebens gesucht werden. Lessings Erläuterung
nun ist diese (St. 78 S. 329):

‚Da, es kurz zu sagen, diese Reinigung in nichts
anders beruht, als in der Verwandlung der Leidenschaften in tugendhafte Fertigkeiten, bei jeder Tugend

aber, nach unserm Philosophen, sich disseits und jenseits ein Extremum findet, zwischen welchen sie inne steht: so muss die Tragödie, wenn sie unser Mitleid in Tugend verwandeln soll, uns von beiden Extremis des Mitleids zu reinigen vermögend sein; welches auch von der Furcht zu verstehen. Das tragische Mitleid muss nicht allein, in Ansehung des Mitleids die Seele desjenigen reinigen, welcher zu viel Mitleid fühlt, sondern auch desjenigen, welcher zu wenig empfindet. Die tragische Furcht muss nicht allein in Ansehung der Furcht, die Seele desjenigen reinigen, welcher sich ganz und gar keines Unglücks befürchtet, sondern auch desjenigen, den ein jedes Unglück, auch das entfernteste, auch das unwahrscheinlichste in Angst setzt. Gleichfalls muss das tragische Mitleid in Ansehung der Furcht dem was zu viel und dem was zu wenig steuern: so wie hinwiederum die tragische Furcht in Ansehung des Mitleids.'

Man muss gestehen, ist dem Aristoteles eine solche ‚Verwandlung der Leidenschaften in tugendhafte Fertigkeiten‘ wesentliche [1]) Bestimmung der Tragödie — und sie wäre es ihm doch, wenn er die Katharsis in solcher Bedeutung einer Definition des Wesens (ὅρος τῆς οὐσίας) einverleibt —: so ist ihm auch die Tragödie wesentlich eine moralische Veranstaltung; ja, nach der Lessingschen Durchführung durch alle Stufen des zu vielen und zu wenigen Mitleidens und Fürchtens, dürfte man die Tragödie ein moralisches Correctionshaus nennen, das für jede regelwidrige Wendung des Mitleids und der Furcht das zuträgliche Besserungsverfahren in Bereitschaft halten müsse. Begreiflicherweise konnte sich mit einer solchen Auffassung Niemand weniger befreunden als der vom Alter verklärte, die Teleologie aus seinen Ansichten über Natur und Kunst immer bewusster entfernende | Goethe. ‚Die ‚Musik — sagt er (Nachlese zu Aristoteles' Poetik 1826) — ‚so wenig als irgend eine Kunst vermag auf Moralität ‚zu wirken. Tragödien — fügt er hinzu und wenn Jemand, so darf Er hier mitreden — Tragödien und tragische Ro-‚mane beschwichtigen den Geist keineswegs, sondern ver-‚setzen das Gemüth nur in Unruhe'; und er leugnet es, dass Aristoteles ‚indem er ganz eigentlich von der Con-‚struction der Tragödie rede, an die Wirkung und, was ‚mehr sei, an die entfernte Wirkung denken könne, welche ‚eine Tragödie auf den Zuschauer vielleicht machen würde.' So hat Goethe sich denn von dieser für ihn zwingenden Rücksicht, jede moralische Abzweckung aus der Definition zu verbannen, auch bei seinem Erklärungsversuch der aristotelischen Worte leiten lassen [2]) und deshalb die Katharsis von dem Zuschauer hinweg in die tragischen Personen verlegen wollen durch folgende Uebersetzung: „die Tragödie ist eine Nachahmung einer bedeutenden und abgeschlossenen Handlung, die nach einem Verlauf von Mitleid und Furcht mit Ausgleichung solcher Leidenschaften ihr Geschäft abschliesst." Es bedarf für Kenner des Griechischen keines Wortes darüber [3]) dass δι' ἐλέου καὶ φόβου περαίνουσα κάθαρσιν nimmermehr heissen kann „nach einem Verlauf von Mitleid und Furcht mit Katharsis abschliessend" sondern nur heissen kann „durch Mitleid und Furcht Katharsis bewirkend"; und Kenner des Aristoteles, wie sehr sie auch über die bestimmte Bedeutung von Katharsis im Unklaren sein mögen, wissen doch aus dem achten Buch der Politik, dass mit diesem Wort jedenfalls ein Vorgang im Gemüthe des Hörers und Zuschauers (ἀκροατής, θεατής) von Musik und Tragödie, keinenfalls ein ausgleichender Abschluss der dargestellten Handlung bezeichnet ist. So leicht es nun gelang Goethe's Uebersetzung als eine völlig verunglückte zurückzuweisen, so wenig haben die zahlreichen späteren Behandler der aristotelischen Stelle die empfindlichen Uebelstände zu heben vermocht, welche den Dichter von der Lessingschen Ansicht abschrecken mussten. Der erwähnenswertheste von diesen späteren Erklärern, Eduard Müller (Theorie der Kunst bei den Alten 2, 62 u. 377—388) gelangt unter fleissiger Beachtung vieler in den übrigen aristotelischen Schriften zerstreuten Winke zu dem Ergebniss: ‚Wer sollte ‚noch zweifeln, dass eben in Umwandlung der Unlust, die ‚dem Mitleid und der Furcht anhaftet, in Lust die Rei‚nigung dieser und andrer Leidenschaften besteht, oder ‚damit wenigstens im innigsten Zusammenhang | steht.‘ Aber mit solchen Distributiv-Partikeln ist es bei Begriffsbestimmungen immer eine missliche Sache. Enthält der zweite, durch ‚Oder‘ eingeleitete Satztheil das Richtige und darf man daher von der Umwandlung der Unlust in Lust nur sagen, dass sie mit der Katharsis in Zusammenhang stehe, sei dieser Zusammenhang so innig er wolle: so fragt man noch immer mit Recht, worin besteht denn aber die Katharsis? Aristoteles hat sich — diese Voraussetzung ist sicherlich nicht zu kühn — gewiss' unter Katharsis etwas Bestimmtes, nicht Eines oder das Andere gedacht; und wenn in neuerer Zeit ‚tragische Reinigung der Leidenschaften' in die zahlreiche Klasse ästhetischer Prachtausdrücke übergegangen ist, die jedem Gebildeten geläufig und keinem Denkenden deutlich sind, so ist dies wahrlich nicht des Stagiriten Schuld.

Denn der Nebel, welcher jene Reinigungsphrase in dem landesüblichen Kunstrichterjargon umgiebt, sowie das Bemühen, in der Katharsis eine Verwandlung der Leidenschaften in tugendhafte Fertigkeiten oder eine Umwandlung der Unlust in Lust nachzuweisen, schreiben sich beide daher, dass man vergass, wie deutlich Aristoteles selbst Katharsis als einen erst von ihm geprägten ästhetischen Terminus hinstellt. Nachdem dies einmal vergessen worden, lag nichts näher als Katharsis, nach der gewöhnlichen Bedeutung des Verbum καθαίρω, durch ‚Reinigung' zu übersetzen; und unvermeidlich ward es alsdann, die Tragödie, als Reinigerin, an den Leidenschaften, als Objecten der Reinigung, allerlei Operationen vollziehen zu lassen, die mit der alltäglich von Hausfrauen und Scheidekünstlern geübten Reinigung, d. h. mit der Sonderung des Unlautern vom Lautern, nähere oder entferntere Aehnlichkeit haben. Um von diesen Abwegen wieder in die gerade Strasse einzulenken, muss die Untersuchung sich vor allen Dingen auf die schon mehrmals erwähnte und auch von den Erklärern der Poetik wenigstens citirte Stelle im achten Buch der Politik richten, die wenngleich nicht so eingehend als man wünschen könnte, doch bei weitem nicht so kurz wie die Definition in der Poetik über Katharsis redet. Von ihrem Vorhandensein scheint

Goethe nur ein dunkles Gerücht vernommen zu haben, zunächst wohl durch Herder [4]), dessen Behandlung freilich keine grossen Erwartungen von ihrer Nutzbarkeit erregen konnte. Auch Lessing, der einmal (St. 78 z. A.) sehr flüchtig sie erwähnt, hat durch seltsamen Zufall es versäumt sie anzuschlagen; denn den noch seltsameren Zufall anzunehmen, dass Lessing sie näher gekannt und trotzdem nicht in der ihr zukommenden Wichtigkeit erkannt habe, wird Niemand sich entschliessen, der die Worte liest.

I.

Aristoteles will dort (Polit. 8 [5] c. 7, 1341 [b] 32) den verschiedenen musikalischen Harmonien ihr Gebiet in einem wohlgeordneten Staat anweisen und sagt: „Wir nehmen die Eintheilung einiger Philosophen an, welche die Lieder scheiden erstlich in solche, die eine stetige sittliche Stimmung (ethische), zweitens in solche, die eine bewegte, zur That angeregte Stimmung (praktische), drittens in solche, die Verzückung bewirken (enthusiastische). Nun soll man aber, nach unserer Ansicht, die Musik nicht bloss zu Einem, sondern zu mehreren nützlichen Zwecken anwenden, erstens als Theil des Jugend-Unterrichts, zweitens zu Katharsis — was Katharsis ist werden wir jetzt nur im Allgemeinen sagen, aber in der Abhandlung über Dichtkunst wieder darauf zurückkommen und bestimmter darüber reden — drittens zur Ergötzung, um sich zu erholen und abzuspannen. So kann man denn alle Harmonien verwenden, aber nicht alle in derselben Weise, sondern als

Theil des Jugendunterrichts solche, die eine möglichst stetige, sittliche Stimmung bewirken, dagegen zum Anhören eines musikalischen Vortrags Anderer solche, die eine bewegte, zur That angeregte Stimmung und auch solche, die Verzückung bewirken. Nämlich, der Affect, welcher in einigen Gemüthern heftig auftritt, ist in allen vorhanden, der Unterschied besteht nur in dem Mehr oder Minder, z. B. Mitleid und Furcht (treten in den Mitleidigen und Furchtsamen heftig auf, in geringerem Maasse sind sie aber in allen Menschen vorhanden). Ebenso Verzückung. (In geringerem Maasse sind alle Menschen derselben unterworfen), es giebt aber Leute, die häufigen Anfällen dieser Gemüthsbewegung ausgesetzt sind. Nun sehen wir an den heiligen Liedern, dass wenn dergleichen Verzückte Lieder, die eben das Gemüth berauschen, auf sich wirken lassen, sie sich beruhigen, gleichsam als hätten sie ärztliche Cur und Katharsis erfahren (ὥσπερ ἰατρείας τυχόντας καὶ καθάρσεως). Dasselbe muss nun folgerecht auch bei den Mitleidigen und Furchtsamen und überhaupt bei Allen stattfinden, die zu einem bestimmten | Affecte disponirt sind (ταὐτὸ δὴ τοῦτο ἀναγκαῖον πάσχειν καὶ τοὺς ἐλεήμονας καὶ τοὺς φοβητικοὺς καὶ τοὺς ὅλως παθητικούς), bei allen übrigen Menschen aber in so weit etwas von diesen Affecten auf eines Jeden Theil kommt; für Alle muss es irgend eine Katharsis geben und sie unter Lustgefühl erleichtert werden können (πᾶσι γίγνεσθαί τινα κάθαρσιν καὶ κουφίζεσθαι μεθ' ἡδονῆς). In gleicher Weise nun wie andere Mittel der Katharsis bereiten auch die kathartischen Lieder den Menschen eine unschädliche

Freude (χαρὰν ἀβλαβῆ). Man muss also die gesetzliche Bestimmung treffen, dass diejenigen, welche die Musik für das Theater ausüben (das ja unschädliche Freude schaffen soll) mit solchen kathartischen Harmonien und Liedern auftreten. Da nun aber das Publicum doppelartig ist (ὁ θεατὴς διττός), ein freies und gebildetes einestheils, anderntheils ein gemeines, aus niederen Handwerkern, Tagelöhnern und dergleichen bestehendes, so muss man auch zur Erholung der Letzteren Aufführungen und Schaugenüsse einrichten. Wie nun die Gemüther dieses Theiles des Publicums aus der naturgemässen Beschaffenheit verschroben sind, so giebt es auch in den Harmonien Absprünge und unter den Liedern eine stürmische und gefärbte Gattung; Jedem gewährt aber das allein Vergnügen, was seiner Natur entspricht; man muss daher den auftretenden Künstlern die Freiheit lassen, vor einem solchen Publicum sich solcherlei Gattung von Musik zu bedienen.

Die Stelle musste hier auch mit ihren letzten, nicht unmittelbar von Katharsis handelnden Sätzen vorgeführt werden, weil eben diese letzten Sätze den unwiderleglichen Beweis liefern, wie durchaus fern dem Aristoteles der Gedanke des vorigen Jahrhunderts liegt, das Theater zu einem Filial- und Rivalinstitut der Kirche, zu einer sittlichen Besserungsanstalt zu machen, wie rücksichtslos er vielmehr bemüht ist, ihm den Charakter eines Vergnügungsortes für die verschiedenen Klassen des Publicums zu wahren. Während Platon*) seinen ganzen Eifer aufbietet um die neumodische, von der alten Einfachheit ab-

---

*) [Rep. 4, 424^b; Legg. 3, 700; 7, 797; Cicero de legg. 2, 15, 38].

weichende Musik als den Urquell aller Entsittlichung zu verpönen, will Aristoteles dass man auch den Abarten der Musik ihren Spielraum lasse; weil es nun einmal ein verschrobenes Publicum giebt, das seiner Natur nach nur an verschnörkelter Musik Vergnügen findet, so soll man ihm da wo es an seltenen Festen Vergnügen und Erholung sucht, auch solche minder gute Musik bieten, es nicht durch ganz gute Musik langweilen und bessern wollen. In dieser Ansicht über die Bestimmung des | Theaters ist die gebieterische Aufforderung gegeben, nun auch von der theatralischen Katharsis Alles fern zu halten, wodurch das etwa darin liegende moralische Element ein Uebergewicht über das hedonische gewinnen, sittliche Besserung als hauptsächlicher Zweck, Lust und Vergnügen nur als unentbehrliche Mittel erscheinen, ihnen nur die Bedeutung zugestanden würde, als Honig um den Rand des Bechers diejenigen anzulocken, welche den heilsamen Trank in seinem unversüssten Zustande verschmäht hätten.

Und wozu auch die theatralische Katharsis vom moralischen oder hedonischen Gesichtspunkt aus ansehen, bevor man es mit dem Gesichtspunkte versucht, unter welchem Aristoteles die Katharsis überhaupt in der Stelle der Politik gerückt hat? das ist aber nicht der moralische, so wenig wie der rein hedonische; es ist ein **pathologischer Gesichtspunkt**.

Pathologisch ist gleich das erste, auf der allgemein griechischen Erfahrung über Verzückte ruhende, thatsächliche Beispiel einer Katharsis, aus welchem der Philosoph dann auch für alle übrigen Gemüthsbewegungen die Möglichkeit einer ähnlichen kathartischen Behandlung folgert (Z. 28—42). Die von dem mythischen Sänger Olympos hergeleiteten, phrygischen Lieder — denn dass vornehmlich diese unter den ‚heiligen Liedern' gemeint sind, ist mit Gewissheit aus einer anderen Stelle des Aristoteles und aus Platon [5]) zu entnehmen — versetzen sonst ruhige Menschen in Verzückung; dagegen von Verzückung Besessene empfinden, nachdem sie jene rauschenden Lieder gehört oder gesungen haben, eine Besänftigung. Etwa wie Catull in seinem Attis es hätte machen können, wenn der poetischste römische Poet so viel von Enthusiasmus verstanden hätte als der nüchternste griechische Philosoph. Der Poet hätte den schwärmenden Jüngling, nachdem er ihn in dem phrygischen Liede rasen lassen, nicht erst noch in den Wäldern umherzujagen brauchen, damit er von dieser Strapaze ermüdet in Schlaf sinke und dann am anderen Morgen das Selbstbewustsein wiederfinde. Gleich nachdem die verhaltene Verzückung sich in das tobende Lied ergossen, hätte sie nachlassen und einer besonnenern Stimmung Raum geben dürfen. Das Gedicht hätte darüber höchstens die Verzierung eines Sonnenaufgangs eingebüsst, an poetischem Werth sicherlich nichts verloren, und an pathologischer Wahrheit unendlich gewonnen; es hätte die Katharsis des Enthusiasmus dargestellt.

Streng auf pathologischem Gebiet halten sich ferner wie jenes thatsächliche Beispiel so auch die erklärenden Ausdrücke, durch welche Aristoteles die Katharsis verdeutlichen will. ‚Die besänftigten Verzückten — sagt er Z. 31 — haben gleichsam ärztliche Cur und Katharsis erfahren (ὥσπερ ἰατρείας τυχόντας καὶ καθάρσεως).' Gleichsam, also nicht eigentlich; also liegt bei κάθαρσις eben so wohl eine Metapher zu Grunde wie bei ἰατρεία. Nun heisst aber κάθαρσις, sobald man von der ganz allgemeinen ‚Reinigung' absieht, die eben wegen ihrer Allgemeinheit nichts aufklärt, die nach der viel concreteren ἰατρεία noch hinzuzufügen Aristoteles keine Veranlassung haben konnte, die endlich so sehr allgemein ist, dass es unstatthaft wäre ihr ein nur für Metapher passendes ‚gleichsam' voraufzuschicken — concret also gefasst heisst κάθαρσις in griechischer Sprache nur zweierlei: entweder eine durch bestimmte priesterliche Ceremonien bewirkte Sühnung der Schuld, eine Lustration, oder eine durch ärztliche [6]) erleichternde Mittel bewirkte Hebung oder Linderung der Krankheit.

Auf die erste Bedeutung ist Dionysius Lambinus [7]) in seiner Uebersetzung der Politik verfallen; er giebt κάθαρσις wieder durch *lustratio seu expiatio*. Wenn dieser Franzose des sechszehnten Jahrhunderts bisher der einzige namhaftere Vertreter dieses Missverständnisses geblieben ist und auch in neuerer Zeit, wo doch eine ‚Lustration durch Tragödie' Weihwasser auf die Mühle der Romantiker geliefert hätte, Niemand sie dem Aristoteles aufzubürden wagte, so hat man das wohl nicht blos den kurzen Worten zu verdanken, mit welchen Friedrich Wolfgang Reiz sie zurückweist in seiner Ausgabe der zwei, nach der gewöhnlichen Zählung, letzten, von ihm jedoch schon richtig geordneten Bücher der aristotelischen Politik; denn diese gediegene Arbeit des Gründers der leipziger Philologenschule ist gar nicht so verbreitet und gekannt wie sie es verdient. Aber auch ohne fremde Anregung musste jeder nur ein wenig Nachdenkende die Unmöglichkeit einsehen, dass Aristoteles hier, ganz gegen seine sonstige Weise, einen philosophischen Terminus aus den populären Cultusgebräuchen entlehnt habe, um sein eigentliches Ziel nun erst vollends zu verfehlen. Denn da er doch nicht die Ceremonien selbst, die Räucherungen und Waschungen, im Auge haben konnte, sondern höchstens die gemüthlichen Wirkungen, welche der Lustrirte empfindet, so würde er eine erklärungsbedürftige Gemüthserscheinung — die Beruhigung der Verzückten mittelst rauschender Lieder — | durch Vergleichung mit einer anderen, von vorn herein um nichts klareren Gemüthserscheinung — dem schuldentladenen Gefühl des Gesühnten — haben erklären wollen. Eine so unfruchtbare und so augenfällige Taschenspielerei einem Aristoteles zuzuschreiben kann kein Besonnener sich berechtigt halten. Fasst man dagegen Katharsis in der allein noch übrigen, medicinischen Bedeutung, so schickt sich Alles aufs Beste. Dann ist κάθαρσις nur eine besondere Art der allgemeinen und deshalb auch an erster Stelle genannten ἰατρεία; die Verzückten kommen durch orgiastische Lieder zur Ruhe wie Kranke durch ärztliche Behandlung, und zwar nicht durch jede beliebige, sondern durch eine solche Behandlung, welche kathartische, den Krankheitsstoff ausstossende, Mittel anwendet. Nun ist die räthselhafte pathologische **Gemüthserscheinung** in der That verdeutlicht, denn sie wird versinnlicht durch den Vergleich mit pathologischen **körperlichen Erscheinungen**.

Und bald darauf (Z. 34) wo, in unverkennbarem Hinblick auf die Tragödie, von allen leicht afficirbaren Personen, denen eine der orgiastischen ähnliche Katharsis in Aussicht gestellt ist, mit Namen nur die ‚Mitleidigen und Furchtsamen' erwähnt, die übrigen kurzweg unter $\pi\alpha\vartheta\eta\tau\iota\varkappa o\iota$ zusammengefasst werden, weiss Aristoteles kein passenderes Nebenwort zu $\varkappa\acute{\alpha}\vartheta\alpha\varrho\sigma\iota\varsigma$ aufzuspüren als ‚Erleichterung ($\varkappa o\upsilon\varphi\acute{\iota}\zeta\varepsilon\sigma\vartheta\alpha\iota\ \mu\varepsilon\vartheta'\ \dot{\eta}\delta o\nu\tilde{\eta}\varsigma$ Z. 42)', die, wie Jedermann sieht, nichts mit Moral zu schaffen haben kann, da in der augenblicklichen Erleichterung ja nicht einmal eine Zurückführung auf den Normalzustand liegt, und die andererseits so wenig hedonisch an sich ist, dass Aristoteles, um diesen allerdings ihm unentbehrlichen Begriff nicht zu missen, erst $\mu\varepsilon\vartheta'\ \dot{\eta}\delta o\nu\tilde{\eta}\varsigma$ hinzufügen muss. Er kann also mit ‚Erleichterung' abermals nur eine Versinnlichung des Vorgangs im Gemüth durch Hindeutung auf analoge körperliche Erscheinungen bezwecken wollen.

Möge Niemand in voreiliger Zimpferlichkeit die Nase rümpfen über vermeintliches Herabziehen der Aesthetik in das medicinische Gebiet. Unsere Aufgabe ist es zunächst nicht, eine an und für sich vollkommene Definition von Tragödie aufzustellen, sondern die Bedeutung der Wörter, welche Aristoteles in seiner Definition gebraucht hat, zu ermitteln auf dem Wege methodischer Hermeneutik. Führt uns dieser Weg, ehe er in den Hain der Musen mündet, am Tempel des Aesculap vorüber, so ist dies für Kenner des Stagiriten nur ein Beweis mehr, dass wir in den richtigen Spuren | gehen. Sohn eines königlichen Leibarztes und selbst die ärztliche Kunst in seiner Jugend zeitweilig ausübend ⁸), hat Aristoteles die ererbten medicinischen Neigungen nicht blos für den streng naturwissenschaftlichen Theil seiner philosophischen Thätigkeit nutzbar gemacht; auch seine psychologischen und ethischen Lehren zeigen, trotz aller Fäden, die sie mit der Metaphysik verknüpfen, doch eine stets wache Rücksicht und Achtung für das Körperliche, ein Ablehnen nicht nur der Askese, sondern jeglicher spiritualistischen Nervosität, wie es den Aerzten, den wissenschaftlichen Weltmännern, zu allen Zeiten so natürlich ist, bei Philosophen aber, wenn diese einmal den Himmel der Idee erstiegen hatten, auch in Griechenland so selten war. Ja selbst in rein logischen und speculativen Fragen wählt er die erläuternden Beispiele mit sichtlicher Vorliebe aus dem Bereich ärztlicher Erfahrungen; wo er z. B. das Dasein einer unbewussten Zweckmässigkeit in Natur und echter Kunst behauptet — dass der Künstler seine einzelnen Schritte nicht überlege und doch nie fehltrete (ἡ τέχνη οὐ βουλεύεται), dass die Natur teleologisch wirke ohne transcendent zu werden — kommt ihm kein treffenderes Beispiel in den Sinn als die 'instinctive Selbstcur medicinischer Laien', die gleichsam von der Krankheit belehrt, blindlings das specifische Heilmittel verlangen (ὅταν τις ἰατρεύῃ αὐτὸς ἑαυτόν *) τούτῳ γὰρ ἔοικεν ἡ φύσις Phys. ausc. 2, 8 extr.). Muss man nun hier, wo es sich um die ruhige, gesunde Naturmacht handelt, das unzweideutig medicinische Gleichniss stehen lassen, so wird man noch viel weniger eine Worterklärung

---

*) [Vgl. Gemistus Pletho in Gass: 'Gennadius und Pletho' Breslau 1844, zweite Abtheilung, S. 91 am Ende.]

des Terminus ‚Katharsis', nach welcher heftige Gemüthserregungen mit körperlichen Krankheitserscheinungen parallelisirt würden, blos ihres medicinischen Geruchs wegen verwerfen wollen. Einen anderen Einwurf aber als dergleichen auf Missbehagen an Medicinischem beruhende gewärtigen wir nicht von Lesern, die unserer Prüfung der Stelle der Politik gefolgt sind; und wir dürfen daher, bevor die Anwendung auf die Lehren der Poetik gemacht wird, das rein terminologische Ergebniss der bisherigen Untersuchung dahin feststellen, dass Katharsis sei: eine von Körperlichem auf Gemüthliches übertragene Bezeichnung für solche Behandlung eines Beklommenen, welche das ihn beklemmende Element nicht zu verwandlen oder zurückzudrängen sucht, sondern es aufregen, hervortreiben und dadurch Erleichterung des Beklommenen bewirken will.

II.

| Es geschieht auf ausdrückliches Gebot des Aristoteles, dass in dieser Worterklärung nicht der krankhafte Stoff, sondern der aus dem Gleichgewicht gebrachte Mensch als eigentliches Object der Katharsis erscheint. ‚Die Verzückten — heisst es das eine Mal in der Politik Z. 32 — erfahren eine Cur und Katharsis; die Mitleidigen und Furchtsamen — heisst es das andere Mal Z. 41 — müssen unter Lustgefühl erleichtert werden.' Wer nach so deutlichen Aeusserungen es für möglich hielte, dass die Definition in der Poetik unter einer wesentlich anderen Beziehung von Katharsis rede, der müsste seltsame Vorstel-

lungen von Aristoteles' Consequenz im Gebrauch seiner Termini hegen; und wer wiederum einen unerklärlichen Verstoss gegen die sonstige unzweideutige Bestimmtheit aristotelischer Schreibweise darin sehen wollte, dass die Worte δι' ἐλέου καὶ φόβου περαίνουσα τὴν τῶν τοιούτων παθημάτων κάθαρσιν einer zu den Erläuterungen der Politik stimmenden Auslegung nur einladend entgegenkommen, aber sie nicht gebieterisch von Jedermann erzwingen, der vergegenwärtige sich die ungünstigen Bedingungen, unter welchen ein jetziger Leser jenes Satzes das Verständniss erst erobern muss, die Aristoteles jedoch nicht ahnen, also auch nicht mildern konnte. Er durfte in der vollständigen Poetik, d. h. in der zwei Bücher umfassenden ‚Abhandlung von der Dichtkunst (πραγματεία τέχνης ποιητικῆς)' die Definition der Tragödie lediglich nach den Anforderungen knapper Kürze abzirkeln; sobald begriffliche Richtigkeit und Vollständigkeit erreicht war, konnte er in möglichen Missverständnissen keinen Anlass finden, die Definition selbst, sei es auch nur um einen Buchstaben, zu verlängern; denn allen Missverständnissen war hinlänglich vorgebeugt durch die nachträglichen Ausführungen, welche sich den einzelnen Termini anschlossen. Gerade für Katharsis waren diese Ausführungen, wie das verheissende Citat in der Politik (Z. 11) lehrt, so reichlich gegeben als die Wichtigkeit der Sache und die Fremdartigkeit des Terminus sie erforderten; und eben für Katharsis hat sie, schwerlich aus einem anderen Grunde als weil sie so umfänglich und von rein philosophischen Erörterungen erfüllt waren, der um reine Philosophie wenig bekümmerte

Excerptor, aus dessen Händen wir die jetzige Poetik mit Dank und mit | Betrübniss empfangen, unbarmherzig weggeschnitten. In welche Lage wir dadurch gebracht sind, mag man sich beispielsweise an anderen Gliedern der Definition verdeutlichen. Es heisst zu Anfang derselben, Tragödie sei ‚Nachahmung einer würdigen (σπουδαίας) Handlung in gewürzter (ἡδυσμένῳ) Rede χωρὶς ἑκάστῳ τῶν εἰδῶν ἐν τοῖς μορίοις. Welches Netz von Controversen würde wohl diese letzten Worte von χωρίς bis μορίοις umsponnen haben, wäre ihnen nicht Aristoteles' authentische Interpretation in unmittelbarer Folge beigegeben, wonach sie bedeuten, dass die verschiedenen Arten der ‚Würze' getrennt in den verschiedenen Theilen der Tragödie zur Anwendung kommen, in den chorischen Partien die Rede durch lyrischen Gesang, in den dialogischen allein durch das Versmetrum gehoben werde (λέγω δὲ τὸ ʽΧωρὶς τοῖς εἴδεσιν' τὸ διὰ μέτρων ἔνια μόνον περαίνεσθαι καὶ πάλιν ἕτερα διὰ μέλους). Konnte es doch sogar Bernhardy begegnen, dass er die Richtung, nach welcher das Adjectiv σπουδαίας die tragische Handlung begrenzen soll, gänzlich verfehlte, blos weil Aristoteles eine authentische Interpretation dieses Wortes nicht unmittelbar der Definition nachgeschickt, sondern in gar nicht weiter Ferne voraufgeschickt hatte. Bernhardy (Gr. Litt. 2, 687 *) nämlich meint, πράξεως σπουδαίας sei eine Handlung, die ‚sittlicher Natur und Würde ist, den physischen Begebenheiten des Epos entgegengesetzt.' Aber Aristoteles selbst beruft sich auf die vorangegangene Darlegung über den Ursprung der einzelnen

---

*) [der ersten Ausgabe vom Jahre 1845.]

Dichtgattungen; theilweise aus ihr soll die Definition der Tragödie sich ergeben (ἀναλαβόντες ἐκ τῶν εἰρημένων τὸν γενόμενον ὅρον); und wirklich dreht vom zweiten Capitel an die Darstellung sich hauptsächlich um den Gegensatz von Würdigem (σπουδαῖον) erstlich zu Niedrigem (φαῦλον), dann aber zu Lächerlichem (γελοῖον). Das Würdige (σπουδαῖον) bildet den Gegenstand des Epos so gut wie der Tragödie, welche im Laufe der Zeit das Epos absorbirt (c. 4 p. 1449ᵃ 2); mit dem Niedrigen (φαῦλον) dagegen befasst sich zunächst das „jambische‘ Spottgedicht, und dieses wiederum geht in die Komödie auf, welche ein dem Niedrigen (φαῦλον) Entsprechendes, nämlich das Lächerliche (γελοῖον) zu ihrem Gegenstande wählt. Statt alles Anderen erwäge man nur folgende Worte (c. 4. p. 1448ᵇ 34): „Homer, wie er für würdige Stoffe vor Anderen wahrhafter Dichter ist, so hat er auch zuerst die Grundzüge der Komödie vorgezeichnet, indem er im Margites das Lächerliche drastisch darstellte (ὥσπερ δὲ καὶ τὰ σπουδαῖα μάλιστα ποιητὴς Ὅμηρος ἦν . . . . . οὕτω καὶ τὰ τῆς κωμῳδίας | σχήματα πρῶτος ὑπέδειξεν, ... τὸ γελοῖον δραματοποιήσας); und man wird nicht länger zweifeln, nach welcher Seite Aristoteles das Gebiet der Tragödie durch den Beisatz σπουδαίας hat abstecken wollen. Nicht um eine Grenzenvermischung mit dem Epos zu verhüten, das vielmehr in Aristoteles' Sinne völlig ebenso σπουδαῖον und ‚sittlich‘, keineswegs, wie Bernhardy mit durchaus nicht antiker Philosophie sagt, ‚physisch‘ ist, sondern um sie material von der Komödie zu scheiden, mit welcher sie formal zusammentrifft, giebt er der Tragödie würdige

Stoffe, während der Komödie die lächerlichen zufallen; ganz so wie zwischen Tragödie und Epos, welche material derselben Natur sind, der Unterschied auf die formale Eigenthümlichkeit beider Dichtgattungen gegründet ist durch dasjenige Glied der Definition, nach welchem die Tragödie ihre Nachahmung ‚mittelst handelnder Personen nicht — wie das Epos — auf dem Wege der Erzählung vollführt (δρώντων καὶ οὐ δι' ἀπαγγελίας).‘ — In diesen Fällen nun können Missverständnisse nicht eintreten oder doch sich nicht festsetzen, weil hier auch der jetzige Leser nicht auf die Definition allein angewiesen ist, sondern Vortheil ziehen darf von der Leutseligkeit des Aristoteles, welcher durch beigefügte Begriffserklärungen gleichsam die einzelnen Finger der zuerst in der Definition geschlossenen Hand der Reihe nach öffnet, so dass nun Jeder sie leicht fassen mag; nur für den Theil, welcher die Katharsis enthält, sind wir durch Schuld des Excerptors dieses Vortheils verlustig gegangen; die Definition allein tritt uns in formelhafter Sprödigkeit entgegen; und bemächtigen kann man sich ihrer nur wenn, statt der aus der Poetik verschwundenen eigenen Interpretation des Aristoteles, das Surrogat benutzt wird, welches, nun freilich nicht mehr genau dem Wortlaut der Definition angepasst, aber für Ermittelung des Hauptbegriffs darum nicht minder zuverlässig, in der Stelle der Politik vorliegt. Allen Erklärungen also, welche mit dem oben (S. 16) aus der Politik gewonnenen terminologischen Ergebniss sich nicht reimen lassen, muss, selbst wenn sie noch so streng grammatisch sind und noch so friedlich sich mit moderner Aesthetik vertragen, der Anspruch auch nur auf Gehör aberkannt werden; denn sie sind eben nichts als grammatisch und modern ästhetisch, unmöglich aber können sie richtig, d. h. aristotelisch, sein. Hingegen darf eine dem modernen Aestheticker noch so unerwartete Auffassung, wenn sie die Probe an jenem in der Politik niedergelegten Prüfstein glücklich besteht, getrost für die | richtige gehalten werden, sobald sie sich zugleich als eine sprachlich statthafte erweist.

Und abzusehen ist in der That nicht, welch triftiger Einwurf von sprachlicher Seite her aufzubringen wäre gegen folgende umschreibende Uebersetzung der Worte δι' ἐλέου καὶ φόβου περαίνουσα τὴν τῶν τοιούτων παθημάτων κάθαρσιν ‚die Tragödie bewirkt durch (Erregung ‚von) Mitleid und Furcht die erleichternde Entladung ‚solcher (mitleidigen und furchtsamen) Gemüthsaffectionen.'

Diese Uebersetzung erlaubt sich nicht die geringste Freiheit, sondern theils genügt sie der Pflicht einer erklärenden Uebersetzung, theils macht sie von einem unzweifelhaften hermeneutischen Recht Gebrauch. Ihrer Pflicht kommt sie dadurch nach, dass sie statt der vieldeutigen und darum unklaren ‚Reinigung' für Katharsis ein deutsches Wort wählt, welches, wie Aristoteles selbst in der Politik gethan, die medicinische Metapher durchschimmern lässt, und dass sie den Begriff der ‚Erleichterung', welchen Aristoteles dort der Katharsis als Nebenbestimmung angeschlossen hat, von ebendorther entlehnt. Auf ein hermeneutisches Recht aber muss sie sich berufen, nicht sowohl für das nüancirte Rectionsverhältniss, welches nun, da nicht mehr von ‚Reinigung der Leidenschaften' die Rede ist, zwischen παθημάτων und dem Wurzelbegriff von κάθαρσις eintritt; denn hiergegen würde, nachdem einmal κάθαρσις als medicinische Metapher erkannt ist, auch der peinlichste Grammatiker keinen Einspruch wagen dürfen, selbst wenn sich nicht zufällig ebendieselbe Genetivverbindung durch Beispiele aus Aristoteles, Hippokrates und Thukydides belegen liesse (S. Anm. 6). Sondern einer Appellation an ein gutes Recht bedarf es nur für die Wendung in das Habituelle und Chronische, welche dem Wort παθημάτων durch die Uebersetzung ‚Gemüthsaffectionen' gegeben wird. Niemand freilich, der sich mit der griechischen Sprache bekannt gemacht hat, wird es leugnen wollen, dass oft wo auf die scharfe Wahrung des Unterschiedes nichts ankommt, die Wahl zwischen den Formen πάθος und πάθημα völlig von dem Belieben des Schriftstellers, ja, man darf sagen, von dem Zuge seiner Feder abzuhängen scheint; aber wenn irgendwem und wenn irgendwo, so steht es einem Philosophen in einer Definition zu, jede Wortbildung, zumal die Abstracta, in möglichst stricter Begrenzung zu gebrauchen, und liegt es dem Leser von Definitionen ob, ihr Verständniss | zunächst unter Anwendung jenes strictesten Sinnes zu erstreben. Nun ergiebt eine vergleichende Prüfung solcher aristotelischer Stellen, in welchen ein laxer Gebrauch für unwahrscheinlich oder unmöglich gelten muss, folgenden gegenseitigen[9]) Unterschied: πάθος ist der Zustand eines πάσχων und bezeichnet den unerwartet ausbrechenden und vorübergehenden Affect; πάθημα dagegen ist der Zustand eines παθητικός und bezeichnet den Affect als inhärirend der afficirten Person und als jederzeit zum Ausbruche reif. Kürzer gesagt, πάθος ist der Affect und πάθημα ist die Affection. Aristoteles wird in der verlorenen Erläuterung an diese strenge Bedeutung etwa durch ein solches Sätzchen erinnert haben: λέγω δὲ πάθημα τὴν τοῦ παθητικοῦ διάθεσιν. Wenigstens erklärt er sich in der Politik (Z. 34) auf das Bestimmteste dahin, dass zunächst der παθητικός, der Mensch mit einer dauernden Disposition, mit einem festgewurzelten Hange zu einem gewissen Affect, also, um bei der Tragödie zu bleiben, der Mitleidige und Furchtsame, (ἐλεήμων καὶ φοβητικός) nicht der Mitleidende und Fürchtende (ἐλεῶν καὶ φοβούμενος) durch die Katharsis ein Mittel erhalten soll, seinen Hang in ‚unschädlicher‘ Weise zu befriedigen. Sobald nun aber παθημάτων in diesem Sinne gefasst wird, ergiebt sich die vollkommenste Einhelligkeit zwischen der Definition und den Andeutungen in der Politik auch hinsichtlich des eigentlichen Objects der Katharsis. In der Politik wird sie ausdrücklich auf den Menschen bezogen (s. oben S. 16); die Definition sagt, es werde eine Entladung, eine Ableitung der Affection, des Hanges bewirkt; und wer anders kann hierbei das — ich meine nicht, grammatische sondern — begriffliche Object der Katharsis abgeben als der mit dieser Affection behaftete, diesem Hange unterworfene Mensch?

Der so hergestellte Einklang zwischen Aristoteles in der Poetik und Aristoteles in der Politik ist jedoch nicht der einzige aus der scharfen Fassung von παθημάτων entspringende Gewinn; sie leitet auch, ohne Gefahr für die

Geschlossenheit der Definition, an dem Wörtchen τοιούτων vorüber, das selbst Lessings sonst so sicheren Tritt zu bedenklichem Straucheln und spätere Erklärer zu unzierlichem Falle gebracht hat. Einem Logiker wie Lessing ist es gewiss nicht entgangen, dass durch ein Etcetera, wie er τοιούτων meinte verstehen zu müssen, nicht blos diese sondern überhaupt jede Definition gesprengt werde; eine Definition soll ja den definirten Begriff so eng als möglich umgrenzen, und ein Etcetera weist ins Weite; eine Definition, in der ein Etcetera vorkommt, ist also eine gleichsehr unzweckmässige Definition als eine von Breschen zerrissene Mauer eine unzweckmässige Mauer ist. Aber Lessing glaubte nun einmal, τοιούτων könne hier nichts anderes bedeuten als Etcetera, und was vermeintlich Aristoteles gesündigt, suchte er nach besten Kräften wieder gut zu machen, indem er den Schwarm von ‚Leidenschaften‘, welcher sich nun als Gefolge von ‚Mitleid und Furcht‘ zur ‚Reinigung‘ durch die Tragödie herandrängte, auf eine möglichst geringe Anzahl reducirte. Für die ‚Furcht‘ konnte das mit einem, wenn auch dürftigen, Scheine gelingen. Denn ‚Furcht‘ ist die ‚Unlust über ein bevorstehendes Uebel.‘ Furcht Etcetera, meint demnach Lessing, solle die Unlust über ein gegenwärtiges und auch die Unlust über ein vergangenes Uebel einschliessen, d. h. ‚Betrübniss und Gram.‘ Beim ‚Mitleid‘ jedoch hält dieser temporale Trennungsgrund nicht Stich; Mitleid wird dem Unglücklichen geschenkt wegen des vergangenen so gut wie wegen des zukünftigen und gegenwärtigen Unglücks, und der Zeitunterschied verändert hier nur den Grad, nicht die Natur, mithin auch nicht den Namen der Empfindung (Ar. Rhet. 2 c. 8 p. 1386ᵇ 1). Im Drang der Umstände sieht sich also Lessing genöthigt — und mehr als sonst verräth es sich hier, dass der bezügliche Abschnitt der Dramaturgie, obwohl lange in Lessings Kopfe herumgetragen, doch sehr eilig zu Papier gebracht wurde — Lessing sieht sich genöthigt, hinzuschreiben, ‚Mitleid und dergleichen‘ bedeute ‚Mitleid und überhaupt alle philanthropischen Empfindungen‘ (s. oben S. 2). Nachdem Er die Thür so weit offen gelassen hatte, kann es nicht Wunder nehmen, dass die, welche nach ihm kamen, nun gar die Wände umstürzten, und z. B. einer der jüngsten Erklärer der aristotelischen Definition die Wörtchen τῶν τοιούτων folgendermaassen commentirt: „Und dergleichen" denn zum ‚Mitleid und der Furcht gesellen sich noch manche andere ‚Empfindungen, die mit diesen nahe verwandt sind, so die ‚Affecte der Liebe, des Hasses, die aber, insofern ‚sie durch die Tragödie hervorgerufen werden, entweder ‚aus Mitleid und Furcht entspringen, oder mit ihnen doch ‚nahe verwandt sind‘ u. s. w. Allein, wenn dem wirklich so wäre, welch kindisches Spiel würde dann Aristoteles mit seinen Lesern und mit sich selber treiben! Der einzige Nutzen und der einzige Zweck dieses Theiles der Definition kann doch nur darin bestehen, dass die tragischen Affecte fixirt werden. Zuerst glaubt man auch wirklich diesen Zweck | erreicht, und zollt dem Aristoteles bewundernden Dank für den psychologischen Meistergriff, mit welchem er aus den unzähligen, die Menschenbrust erfüllenden Empfindungen, Trieben und Leidenschaften ein in einander sich spiegelndes Paar von Affecten als das eigenthümlich tragische herausgefunden hat, das Mitleid mit fremdem Leid und die davon unzertrennliche Furcht vor eigenem; mit immer gespannterer Theilnahme folgt man dann der strengen Musterung, welche der Philosoph im weiteren Verlauf der Schrift (c. 13, 14) über alle denkbaren dramatischen Charaktere und Situationen abhält und sie als tragische anerkennt oder als untragische verwirft lediglich nach der einzigen Rücksicht, ob sie zur Erregung dieser und keinerlei anderer Affecte, ob sie zur Erregung von Mitleid und Furcht tauglich oder untauglich sind; gern vertieft man sich endlich in den Sinn der, leider in unserer Poetik abgerissen dastehenden, Worte (c. 14 p. 1453^b 12): ‚der tragische Dichter habe durch seine Darstellung nicht jede beliebige, sondern nur die aus Mitleid und Furcht entspringende Lust ($\hdot{\eta}\delta o\nu\acute{\eta}\nu$) zu gewähren‘; und nach allem diesen soll man sich nun sagen müssen, dass es mit jener verheissungsvollen Fixirung der Affecte von Anbeginn nicht Ernst gewesen, da ja die Definition ausser Mitleid und Furcht noch ein durch ‚Betrübniss, Gram, Philanthropie, Liebe und Hass‘ auszufüllendes Etcetera enthalte. Bevor man sich so äffen lässt, darf man wohl versuchen, ob nicht das Etcetera, wie andere Irrlichter, unsichtbar wird, sobald man ihm in die Nähe rückt.

Die zur Bequemlichkeit hier nochmals stehenden griechischen Worte lauten: $\delta\iota'\ \dot{\epsilon}\lambda\acute{\epsilon}o\upsilon\ \varkappa\alpha\grave{\iota}\ \varphi\acute{o}\beta o\nu\ \pi\epsilon\varrho\alpha\acute{\iota}\nu o\upsilon\sigma\alpha\ \tau\grave{\eta}\nu\ \tau\tilde{\omega}\nu\ \tau o\iota o\acute{\upsilon}\tau\omega\nu\ \pi\alpha\vartheta\eta\mu\acute{\alpha}\tau\omega\nu\ \varkappa\acute{\alpha}\vartheta\alpha\varrho\sigma\iota\nu$, und Lessing bemerkt dazu: ‚Aristoteles sagt aber $\tau o\iota o\acute{\upsilon}\tau\omega\nu$ und nicht $\tau o\acute{\upsilon}\tau\omega\nu$, er sagt „dieser und dergleichen". — Allein mit Nichten sagt Aristoteles ‚dieser und dergleichen'. Wenn er das sagen will, dann kann er im Griechischen, so wenig wie Lessing es im Deutschen konnte, das Wörtchen ‚und' entbehren; dann muss er immer ταῦτα καὶ τοιαῦτα sagen und sagt er meistens mit noch vollerem Ausdrucke ταῦτα καὶ ὅσα ἄλλα τοιαῦτα; hier also hätte er dann wenigstens τούτων καὶ τοιούτων παθημάτων gesagt. Ja, weit entfernt den Erklärern einen so schrankenlosen Tummelplatz zu gewähren wie er durch ‚diese und dergleichen' eröffnet ist, lässt Aristoteles ihnen nicht einmal so viel Raum frei, als im Deutschen das blosse ‚dergleichen' verstatten würde. Denn ‚Katharsis von dergleichen Leidenschaften' würde auf Griechisch heissen, τὴν τοιούτων παθημάτων κάθαρσιν. Das hat jedoch Aristoteles keineswegs geschrieben, sondern es steht zu lesen τὴν τῶν τοιούτων παθημάτων κάθαρσιν; und wenn auch vielleicht nicht zu Lessings Zeiten, so konnte man es doch heutzutage in jedem etwas vollständigeren Lexikon vermerkt finden, dass τοιοῦτος mit dem Artikel auf das im Satze selbst Bestimmte und allein auf dieses sich bezieht, ὁ τοιοῦτος also im Deutschen nicht durch ‚derartig' oder ‚dergleichen' übersetzt werden darf, sondern wenn das einfache Demonstrativum ‚dieser' nicht passen will, so kann höchstens ‚solcher' in rein demonstrativem Sinn *(talis)* geduldet werden. Nemlich, so wie im Deutschen, um die schleppende Wiederholung einer eben erst genannten Wortwurzel zu vermeiden, ein blos rückweisendes ‚solcher' gesetzt wird, das den begrifflichen Bezirk jener Wortwurzel nicht im Mindesten erweitert, ganz so gebraucht der Grieche und gebraucht besonders gern

Aristoteles das Pronomen ὁ τοιοῦτος. Die Beispiele finden sich beim flüchtigsten Blättern in jeder grösseren aristotelischen Schrift haufenweise zusammen[10]), und selbst unsere, unter des Excerptors Scheere leider so klein gewordene Poetik bietet, neben sehr vielen anderen, auch einen nur um Ein Capitel von der Definition entfernten und schon, allein hinlänglich beweisenden Beleg in einem Satze, der, weil er noch nach anderer Seite die nie nachlassende Gedankenstrenge des aristotelischen Stils schlagend darthut, hier kurz berührt werden mag. Es soll dort auch für das epische Zeitalter die simultane Entwickelung einerseits der ernsten und edlen, andererseits der scherzenden und verspottenden Poesie geschildert werden; je nach der Färbung ihres eigenen Charakters (κατὰ τὰ οἰκεῖα ἤϑη) wären — heisst es — die dichterisch Begabten zu der einen oder der anderen Richtung hingezogen worden, οἱ μὲν γὰρ σεμνότεροι τὰς καλὰς ἐμιμοῦντο πράξεις καὶ τὰς τῶν τοιούτων, οἱ δὲ εὐτελέστεροι τὰς τῶν φαύλων c. 4. p. 1448^b 25. Der Stoff des wesentlich subjectiven Spottgedichts scheint demnach dem Philosophen erschöpfend bezeichnet, blos durch ‚Handlungen niedriger Personen (τὰς τῶν φαύλων πράξεις)‘; für das Epos jedoch wird ihm der Stoff zwiefach, erstlich objectiv ‚edle Handlungen‘, gleichviel ob sie der göttliche Achilleus übt oder der göttliche Sauhirt; weil aber auch der feierlichste Epiker, bei Strafe sublim langweilig zu werden, sich nicht auf Darstellung blos ‚edler Handlungen‘ und edler Zustände beschränken darf, sondern, wie Platon (Rep. 3, 396^d) in verwandtem Zusammenhange | ausführt, seine Helden ‚durch alle Fehltritte hindurch begleiten muss, die ihnen in Krankheit, in Liebesnoth, ja sogar im Rausche begegnen (ἢ ὑπὸ νόσων ἢ ὑπ' ἐρώτων ἐσφαλμένον ἢ καὶ ὑπὸ μέθης),' so will Aristoteles auch Handlungen, die an sich nicht edel sind, dennoch für das Epos geadelt wissen, wenn sie von einer sonst edlen, dem Epos gemässen, heroischen Persönlichkeit ausgehen. Beide Arten des Stoffes, also ‚edle Handlungen und Handlungen Edler', fasst Aristoteles in bündigster Weise zusammen, indem er dem ernsten Epos zum Gegenstand giebt τὰς καλὰς πράξεις καὶ τὰς τῶν τοιούτων, wo nun, wie Niemand leugnen wird, τῶν τοιούτων blos das vorhergehende Adjectiv καλάς in personaler Modification wiederaufnimmt, den begrifflichen Umkreis desselben aber völlig unverändert lässt. Ganz ebenso nun werden in den Worten der Definition δι' ἐλέου καὶ φόβου περαίνουσα τὴν τῶν τοιούτων παθημάτων κάθαρσιν durch τῶν τοιούτων einzig und allein die beiden vorangehenden Substantive ἔλεος καὶ φόβος in adjectivischer Modification für den weiteren Fortschritt des Satzes wiederaufgenommen; τῶν τοιούτων παθημάτων bedeutet nichts als ἐλεητικῶν καὶ φοβητικῶν παθημάτων; und nachdem so das angebliche Etcetera aus der Liste der auf unsre Definition bezüglichen Streitfragen gestrichen ist, scheint nur noch der Anstand übrig zu bleiben, warum Aristoteles, da er doch blos Mitleid und Furcht meint, nicht das einfache Demonstrativum gewählt und τούτων τῶν παθημάτων geschrieben hat. Dieser Anstand ist jedoch bereits gehoben für Jeden der sich von der oben (S. 23) für πάθημα in Anspruch genommenen Bedeutung überzeugt hat. Denn bei ἔλεος und φόβος denkt der Grieche zunächst nur an das πάθος, den einmaligen Affect des Mitleids und der Furcht, nicht an das πάθημα, die dauernde Affection; auf die letztere muss es aber dem Aristoteles ankommen, wenn das was er Katharsis nennt Statt haben soll; und da die griechische Sprache für Mitleidigkeit und Furchtsamkeit im Unterschied von Mitleid und Furcht ein besonderes Substantiv nicht ausgebildet hatte, so bot sich kein anderer Ausweg als die Umschreibung mittelst πάθημα und der bezüglichen Adjective. ,Katharsis von Mitleidigkeit und Furchtsamkeit' konnte Aristoteles in keinen anderen griechischen Worten denken als ἐλεητικῶν καὶ φοβητικῶν παθημάτων κάθαρσιν; und schreiben durfte er dafür in unserem Satze, wo ἔλεος καὶ φόβος unmittelbar vorhergehen, die nach festem griechischen Sprachgebrauch blos stellvertretend abkürzende Wendung τῶν τοιούτων παθημάτων κάθαρσιν. |

Täuscht dieses sich gegenseitig schützende und tragende Zusammenstimmen aller Einzelheiten, oder ist die durch des Excerptors Verfahren so sehr erschwerte Aufgabe wirklich gelöst? Ist die geschehene Benutzung der in der Politik gegebenen Fingerzeige und die angestellte Beobachtung theils des allgemein griechischen theils des aristotelischen Sprachgebrauchs allein hinreichend um den auf diesem Wege gefundenen Wortsinn der Definition so unverrückbar und für Alle einleuchtend festzustellen, dass nun ohne weiteren Verzug ihre hieraus folgende Tragweite abgemessen werden darf? Es würde allzu schwärmerische Vorstellungen verrathen über den Einfluss von Logik und Methode auf die Welt überhaupt und auf die Bücherwelt insbesondere, wollte man glauben dass die Entscheidung einer so weit verzweigten und viel verhandelten Frage wie die vorliegende sich allgemeinerer Zustimmung werde getrösten können, so lange die Entscheidungsgründe blos logischer und methodischer Art bleiben. Wer so viel Interesse für die Sache mitbringt um ihrer Untersuchung zu folgen, hat meistens auch Interesse genug gehabt um sich schon früher auf eigene Hand eine Ansicht zu bilden; für Fragen wie diese möchte es wenige Beurtheiler geben, die nicht zugleich Partei wären oder Partei genommen hätten; und Richter mit vorgefasster Meinung oder Neigung pflegen selten durch eine blos auf die längst bekannten Data noch so regelrecht gebaute Argumentation umgestimmt zu werden. Eher dürfte man sich Wirkung versprechen von unversehens auftauchenden und die Acten vermehrenden urkundlichen Beweisstücken. Und in der That braucht man an der möglichen Auffindung auch solcher urkundlichen Instrumente nicht von vornherein zu verzweifeln. Weil der Excerptor die aristotelischen Erläuterungen über Katharsis aus unserer Poetik ausgestossen hat, so müssen sie darum noch nicht in allen ihren Theilen unwiederbringlich verloren sein. Die griechische Litteratur ist im Lauf der Zeiten zu einem ziemlich unordentlichen Archiv geworden, wo es manchmal gerathener ist, das was gefunden werden soll nicht an seinem Platze zu suchen, sondern auf gut Glück in den Winkeln zu stöbern. Nur darf man dann auch die specifisch archivalische Luft nicht scheuen, welche sich in solchen wenig betretenen Winkeln anzusammeln pflegt, und einigen Staub wird man ebenfalls verschlucken müssen, bevor man den Finger auf das gewünschte Blatt legen kann. |

III.

Der unter dem griechischen Namen Porphyrios so schlimm- und so wohlberufene Tyrier Malchos hatte in einer der rationell philosophischen Stimmungen, welche bei diesem merkwürdigen Manne mit den heftigsten Anfällen thaumaturgischer Schwärmerei abwechselten, eine Flugschrift in Briefform an einen, zweifelsohne fingirten, ägyptischen Priester Anebo gerichtet. Grössere Bruchstücke aus derselben bewahrt die an den auserlesensten Mittheilungen so reiche ‚Evangelische Propädeutik‘, durch welche der Caesareenser Bischof Eusebius von jedem Erforscher alter Geschichte und Philosophie sich vollständigen Ablass für alle seine sonstigen, nicht wenigen und nicht geringen Sünden wider geistliche Censur und weltliche Kritik ausgewirkt hat. Da auch in diesem Werk wie in seinen meisten anderen grösseren Arbeiten Eusebius mit dem allgemeinen Hauptzweck die deutliche Nebenabsicht verbindet, neuplatonische Angriffe auf das Christenthum zurückzuweisen, so musste er sein Augenmerk vorzüglich auf Porphyrios richten, den durch umfassende Gelehrsamkeit wie durch eine eigenthümlich syrische Panurgie ehrenwerthesten zugleich und gefährlichsten Kämpfer im feindlichen Lager. In jener an den ägyptischen Priester gesandten Flugschrift ($\dot{\epsilon}\pi\iota\sigma\tau o\lambda\dot{\eta}$ $\pi\varrho\dot{o}\varsigma$ $\tau\dot{o}\nu$ $\mathrm{'}A\nu\epsilon\beta\dot{\omega}$) hatte nun aber Porphyrios, ohne es zu ahnen, die schärfsten Waffen für den Gebrauch seiner späteren christlichen Gegner selbst geschmiedet. Als er sie abfasste, hatte er durch dieselbe der thaumaturgischen und dämonologischen Richtung Einhalt thun wollen, von welcher die reine Speculation Plotins auch in dessen nächstem Schülerkreise erstickt zu werden drohte und schliesslich in Porphyrios selbst erstickt worden ist. Mit einer an den platonischen Dialog Euthyphron erinnernden Ironie erbittet er in dem Briefe ‚über Götter und Dämonen und verwandte Fragen' Auskunft von seinem priesterlichen und ägyptischen Correspondenten, dessen aus der Urzeit überlieferte Lehre gewiss den Zweifelnden auf sicheren Weg weisen werde; ‚was die griechischen Philosophen über diese Dinge vorgebracht, laufe ja doch nur auf leeres Rathen hinaus'; und ohne weiter eine Miene zu verziehen, führt dann der Schreiber des Briefes ein gewappnetes Heer dilemmatischer Fragen heran, welche in unermüdlicher Rührigkeit das ganze, auch damals schon so grosse und so dicht besetzte | Feld schwärmerhaften Truges und Wahnes nach allen Seiten durchstreifen. Nie ward — so weit die ansehnlichen Ueberreste der Schrift einen Schluss verstatten — geradezu gespottet, nie von einer bestimmten Schulansicht aus dogmatisirt; aber die Verhandlung ward mit Inquirenten-Schärfe auf das Detail hingedrängt; die einzelnen Ritualien des Dämonencults, die einzelnen Vorgänge bei prophetischen Verzückungen, die einzelnen Manipulationen bei Beschwörungen wurden durchmustert, und ohne Unterlass ward über sie gefragt, und zwar zweischneidig gefragt, mit Entweder Oder. Je gehaltener der Ton, desto eindringlicher musste die Wirkung einer solchen Herausforderung sein, und die wundersüchtige Partei, welche der Alleinherrschaft innerhalb der neuplatonischen Schule zustrebte, musste es sich angelegen sein lassen, den aus dem ‚Brief an Anebo' hervorstarrenden Fragen möglichst ebenbürtige Antworten gegenüberzustellen. Geschickt genug wusste man die Einkleidung, welche Porphyrios gewählt hatte, fortzuspinnen und zum eigenen Vortheil zu wenden. Nicht Anebo, an den der Brief gerichtet war, beantwortet ihn, sondern dessen Lehrer, der greise Priester Abammon tritt für den Schüler ein und darf nun, kraft der Autorität die ihm Stellung und Alter verleihen, gleich einen feierlich gehobenen, vom Detail auf die Principien ablenkenden Ton anstimmen. Ferner wird die von jeglicher Entscheidung sich zurückhaltende, nur Fragen auf Fragen häufende Schlauheit des Porphyrios als arglose Wissbegierde eines Wissensbedürftigen gedeutet; Abammon freut sich es zu erleben, dass abermals ein griechischer Philosoph, ‚wie weiland Pythagoras, Demokritos, Platon und Eudoxos gethan', nach Aegypten seinen Blick richte, um die Weisheit an ihrer Urquelle zu schöpfen; alsbald solle der eifrige Jünger seinen Wahrheitsdurst in vollen Zügen stillen dürfen; und nachdem nun die vielartigen Fragen, welche Porphyrios mit absichtlicher Regellosigkeit bald von hierher, bald von dorther hatte heranschwirren lassen, ein wenig in Reih und Glied gestellt und nach festen Rubriken geordnet worden, benutzt Abammon jede einzelne Frage, um unter Umgehung des unbequem speciellen Fragepunktes, eine allgemeine Seite des dämonologischen Systems zu beleuchten. Wirklich ist auch dieses System zu einer, für Dämonologie recht achtbaren, Bündigkeit in der vorliegenden Schrift gediehen, und dieser Werth erhebt sie weit über die wüste Masse des seit Plotins Zeit immer höher aufgethürmten neuplatonischen Bücherhaufens. | Zugleich erregt sie, wie man sieht, noch dadurch Interesse, dass in ihr, wohl zum letzten Mal vor dem gänzlichen Erstarren der griechischen Litteratur, die prosopopöetische Kunstform, welche seit den sokratischen Dialogen für philosophische Verhandlungen herkömmlich geworden war, freilich in vereinfachter Wendung, aber immer doch mit einiger Lebendigkeit gehandhabt wird. Gemäss dieser Einkleidung lautet auch der ursprüngliche, handschriftlich allein genügend beglaubigte Titel: ‚des Lehrers Abammon Antwort auf des Porphyrios Brief an den Anebo und Lösung der darin angeregten Zweifel (Ἀβάμμωνος διδασκάλου πρὸς τὴν Πορφυρίου πρὸς Ἀνεβὼ ἐπιστολὴν ἀπόκρισις καὶ τῶν ἐν αὐτῇ ἀπορημάτων λύσεις)'. Die Italiener des fünfzehnten Jahrhunderts jedoch, welche die tiefangelegten Entwürfe des Gemistos Plethon zur Auffrischung des Neuplatonismus theils mit theils ohne Arg beförderten, haben, als sie dieses neuplatonische Compendium in lateinischen Auszügen und Uebersetzungen verbreiteten, den damals lockenden und durch Kürze empfohlenen aber durchaus sachwidrigen Titel ‚Von den Mysterien der Aegypter (*de mysteriis Aegyptiorum*)' aufgebracht, wodurch dann in neuerer Zeit die Schrift dem grösseren, nicht ägyptisirenden Gelehrtenpublicum so sehr aus den Augen gerückt worden ist, dass, um in allgemein verständlicher Weise Gebrauch von ihr zu machen, die gegebene Geschichte ihrer Entstehung unentbehrlich schien. Der Veranstalter der einzigen bisher*) vorhandenen Ausgabe des griechischen Textes, Thomas Gale, hat wenigstens den ganz ungehörigen Genetiv *Aegyptiorum* fortgelassen und dem Titel folgende Fassung gegeben: *Ἰαμβλίχου Χαλκιδέως τῆς κοίλης Συρίας περὶ μυστηρίων λόγος Jamblichi Chalcidensis ex Coele-Syria De Mysteriis Liber* (*Oxonii 1678 fol.*), wo Jamblichos als Verfasser genannt ist auf Grund einer den Handschriften vorgesetzten griechischen Notiz, in welcher es heisst, ‚Proklos sage in seinem Commentar zu Plotins Enneaden, der Beantworter von Porphyrios' Brief sei der göttliche Jamblichos; der Eigenthümlichkeit des Stoffes gemäss und um die Einkleidung folgerichtig durchzuführen, habe er die Maske eines Aegypters Abammon vorgenommen (Πρόκλος ὑπομνηματίζων τὰς τοῦ μεγάλου Πλωτίνου Ἐννεάδας λέγει ὅτι ὁ ἀντιγράφων εἰς τὴν προκειμένην τοῦ Πορφυρίου ἐπιστολὴν ὁ θεσπέσιός ἐστιν Ἰάμβλιχος καὶ διὰ τὸ τῆς ὑποθέσεως οἰκεῖον καὶ ἀκόλουθον ὑποκρίνεται πρόσωπον Αἰγυπτίου τινὸς Ἀβάμμωνος)'. Proklos, der etwa anderthalb Jahrhundert später als Jamblichos das neuplatonische Katheder einnahm, konnte diese Nachricht — denn als solche, nicht als Vermuthung wird sie gegeben — durch zuverlässige Ueberlieferung erhalten haben; auch für stilistische Vergleichung, zu welcher dem Proklos, wie gering man übrigens von ihm denken mag, doch die vollkommenste Befähigung zugestanden werden muss, bot sich ihm in den jetzt verlorenen grös-

---

*) [S. den ‚Nachtrag' am Schluss der ‚Anmerkungen.']

seren Werken des Jamblichos hinlängliches Material dar; ferner wird unter diesen verlorenen Werken mehrfach ein ‚Von Göttern (περὶ θεῶν)' betiteltes erwähnt, und auf ein Werk mit solcher Ueberschrift verweist einmal (8, 8) Abammon, offenbar als sei es sein eigenes (ταῦτα μὲν οὖν ἐν τοῖς περὶ θεῶν ἀκριβέστερον λέγεται), was freilich bei der Häufigkeit jenes Titels nicht allein entscheiden, aber doch zur Bestätigung des schon sonst Empfohlenen dienen kann. Sonach dürfte, selbst wenn die hier anzustellende Benutzung der abammonischen Antwort durch die Person ihres Verfassers bedingt wäre, füglich sie als eine Jamblichische Schrift behandelt werden; für den hiesigen Zweck ist jedoch nur die Zeit ihrer Abfassung wesentlich; und mag sie nun aus des ‚göttlichen Jamblichos' oder aus einem anderen dämonologischen Haupte entsprungen sein, jedenfalls muss, da Proklos sie kennt, ihr Verfasser vor oder gleichzeitig mit Proklos gelebt und, so gut wie Proklos es nachweislich [11]) konnte, über ein bei Weitem vollständigeres Exemplar der aristotelischen Werke verfügt haben als die angestrengteste Mühewaltung der Berliner Akademie unserem Jahrhundert zu gewähren im Stande war.

Nach dieser Seite nimmt nun die abammonische Antwort zunächst durch das zehnte und elfte Capitel des ersten Abschnittes (p. 20—22 Gale) die Aufmerksamkeit in Anspruch; und glücklich fügt es sich, dass gerade hier die betreffende Frage des Porphyrios nicht erst aus den zerstückelnden und abkürzenden Anführungen des Beantworters wiederhergestellt zu werden braucht, sondern in unversehrter Gestalt bei Eusebios (Praep. Evang. 5, 10) erhalten ist.

Porphyrios hatte nämlich die für die ganze Theurgie grundlegende Scheidung zwischen Göttern und Dämonen in einer langen Kette von Fragen angegriffen und von jedem ersinnlichen Scheidungsprincip nachgewiesen, dass es entweder in sich unhaltbar sei oder zu unlösbaren Widersprüchen mit den übrigen Bestandtheilen der theurgischen Lehre führe. Unter Anderem hatte er gefragt: ‚Will man annehmen [12]), dass die Götter affectlos, die Dä‚monen dagegen den Affecten unterworfen sind — was ja auch ‚der Grund sein soll, weshalb diesen Dämonen Phallusbilder ‚aufgestellt und unzüchtige Reden vorgetragen werden — ‚so sind die Götterladungen, welche sich doch anheischig ‚machen, die Götter herbeizurufen, ihren Zorn in Gnade ‚zu verwandeln und durch Opfer zu versöhnen, und noch ‚mehr sind die sogenannten Götterzwänge ($\dot{\alpha}\nu\dot{\alpha}\gamma\kappa\alpha\iota\ \vartheta\varepsilon\tilde{\omega}\nu$ d. h. Bannformeln) ‚sinnleer. Denn was affectlos ist (wie die Götter es nach der Voraussetzung wären), kann weder ‚besänftigt, noch genöthigt, noch bezwungen werden.'

In Erwiederung hierauf giebt Abammon die Unanwendbarkeit eines auf die Affecte gegründeten Scheidungsprincips zu, nicht zwar wegen der von Porphyrios gezogenen Folgerungen, sondern weil die ganze Geisterwelt jenem Gegensatz von Afficirbarkeit und Affectlosigkeit ihrer Natur nach durchaus entrückt sei ($\pi\alpha\nu\tau\varepsilon\lambda\tilde{\omega}\varsigma\ \dot{\varepsilon}\xi\tilde{\eta}\varrho\eta\tau\alpha\iota\ \tau\tilde{\eta}\varsigma\ \dot{\varepsilon}\nu\alpha\nu\tau\iota\dot{\omega}\sigma\varepsilon\omega\varsigma\ \tau o\tilde{v}\ \pi\dot{\alpha}\sigma\chi\varepsilon\iota\nu\ \tilde{\eta}\ \mu\dot{\eta}\ \pi\dot{\alpha}\sigma\chi\varepsilon\iota\nu$). Könne man ja sogar von der menschlichen Seele, welche doch den untersten Rang in der Geisterordnung einnehme, höchstens sagen, dass sie im Menschen die Affecte veranlasse ($\alpha\dot{\iota}\tau\dot{\iota}\alpha\ \gamma\dot{\iota}\nu\varepsilon\tau\alpha\iota\ \tau o\tilde{v}\ \pi\dot{\alpha}\sigma\chi\varepsilon\iota\nu$), sie selbst, und um wie viel mehr also die auf den höheren Stufen stehenden Dämonen und Götter, bleibe von den Affecten unberührt. Wie gern nun auch Abammon die so herbeigezogene Gelegenheit benutzt, um die Grundlehren der neuplatonischen Psychologie vorzutragen, so konnte er sich doch unmöglich verhehlen, dass mit diesem Allen nur die rein logische Seite der gegnerischen Frage abgethan, keineswegs aber ihre boshaft polemische Spitze gebrochen ist, welche aus der kurzen und scheinbar unwillkürlich eingeflossenen Parenthese über den Phalluscult hervorsticht. Man erinnere sich nur, dass diese Verhandlung gegen Ende des dritten Jahrhunderts, also zu einer Zeit geführt ward, wo jene Blösse des Heidenthums längst von Spöttern wie Lucian öffentlich gegeisselt und von Gläubigen wie Tatian und dessen Geistesverwandtem unter den Lateinern, Tertullian, gebrandmarkt war, und man wird es begreifen, dass auf dergleichen Dinge damals nur noch mit vorüberstreifendem Finger, so wie Porphyrios es hier thut, hingedeutet zu werden brauchte, damit ein heidnischer Apologet sich gezwungen sähe, seinen besten Vorrath von supranaturalistischen Vertheidigungsmitteln aufzubieten. So versucht denn Abammon es zuerst mit symbolischen Erklärungen; der Phallus sei ein Abzeichen des zeugenden Princips, welches durch jenen, deshalb auch meistens im Frühling begangenen, Cult zu frischer Welterschaffung aufgerufen werden solle; die schmutzigen Reden enthielten eine Hinweisung auf den von aller Schönheit verlassenen Zustand der ungeordneten Materie; je mehr diese durch wörtliches Vorhalten ihrer Hässlichkeit zu einem Bewusstsein über dieselbe geführt werde, desto wirksamer entzünde sich in ihr die Sehnsucht nach der Schönheit und der Ordnung. Jedoch derartige Symbolik muss auch damals schon allzu schaal und frostig erschienen sein, als dass Abammon unter ihrem alleinigen Schutz die von ihm verfochtene Sache hätte für gesichert halten dürfen. Er nimmt also einen kühneren Anlauf und will jenen verfänglichen Ceremonien ausser der objectiven Bedeutsamkeit noch einen subjectiven, vorbeugend moralischen Nutzen für die Menschen, welche sie ausüben, beigelegt wissen. Hier müssen wir aber seine eigenen Worte hören (p. 22, 1 Gale):

ἔχει δ' ἔτι ταῦτα καὶ ἄλλον λόγον. αἱ δυνάμεις τῶν ἀνθρωπίνων παθημάτων τῶν ἐν ἡμῖν πάντῃ μὲν εἰργόμεναι
5 καθίστανται σφοδρότεραι. εἰς ἐνέργειαν δὲ βραχεῖς (scr. βραχεῖαν) καὶ ἄχρι τοῦ συμμέτρου προαγόμεναι, χαίρουσι μετρίως καὶ ἀποπληροῦνται καὶ
10 ἐντεῦθεν ἀποκαθαιρόμεναι πειθοῖ καὶ οὐ πρὸς βίαν ἀναπαύονται. διὰ τοῦτο ἔν τε κωμῳδίᾳ καὶ τραγῳδίᾳ ἀλλότρια πάθη θεωροῦντες ἱστά-
15 μεν τὰ οἰκεῖα πάθη καὶ μετριώτερα ἀπεργαζόμεθα καὶ ἀποκαθαίρομεν, ἔν τε τοῖς ἱεροῖς θεάμασί τισι καὶ ἀκούσμασι τῶν αἰσχρῶν ἀπολυό-
20 μεθα τῆς ἐπὶ τῶν ἔργων ἀπ' αὐτῶν συμπιπτούσης βλάβης.

Es lässt sich dies aber noch anders begründen. Die Kräfte der in uns vorhandenen allgemein menschlichen Affectionen werden, wenn man sie gänzlich zurückdrängen will, nur um so heftiger. Lockt man sie dagegen zu kurzer Aeusserung in richtigem Maasse hervor, so wird ihnen eine maasshaltende Freude, sie sind gestillt und entladen und beruhigen sich dann auf gutwilligem Wege ohne Gewalt. Deshalb pflegen wir bei Komödie sowohl wie Tragödie durch Anschauen fremder Affecte unsere eigenen Affectionen zu stillen, mässiger zu machen und zu entladen; und ebenso befreien wir uns auch in den Tempeln durch Sehen und Hören gewisser schmutziger Dinge von dem Schaden, den die wirkliche Ausübung derselben mit sich bringen würde.

Wer mit der sonstigen spiritualistischen Ueberschwänglichkeit des Neuplatonismus bekannt und ein wenig darin geübt ist, bei den späteren griechischen Schriftstellern das erborgte von dem eigenen Gedankengut zu scheiden, wird sich bald sagen, dass diese abscheuliche Apologetik des Jamblichos-Abammon, wie die meisten anderen heiligen Abscheulichkeiten, erwachsen ist aus missverständlichem oder missbräuchlichem Hinüberziehen eines an seinem ursprünglichen Orte richtigen und reinen Gedankens in ein fremdes Gebiet. Blos die specielle Anwendung auf sinnliches Gelüste, wie sie der in die peinlichste Enge getriebene Apologet als letzten Rettungsversuch wagt, gehört ihm zu rechtem Eigen; die allgemeine Theorie, welche passend eine Sollicitationstheorie heissen darf, hat er sich erst von anderswoher angeeignet, und wie noch seine Worte verrathen, war dieselbe von ihrem Urheber für παθήματα (Z. 3), also nicht für sinnliche Begierden (ἐπιθυμίαι), sondern für vorwiegend psychologische Affectionen aufgestellt. Von woher aber das entwendete Gut stamme, kann nicht lange zweifelhaft bleiben; es ist gleich in den ersten Worten (Z. 1—6) durch den Gegensatz von δύναμις und ἐνέργεια mit dem unverkennbar peripatetischen Siegel versehen; die Wendung χαίρουσι μετρίως (Z. 8) ferner, welche in ihrem Bezug auf δυνάμεις παθημάτων einen lebendig altgriechischen Klang anschlägt, erinnert an die χαρὰ ἀβλαβής, die ‚unschädliche Freude', welche uns oben S. 9, Z. 45 als Wirkung der kathartischen Lieder begegnete; der kurze und sichere Ton endlich, mit welchem Z. 13 die dramatische Poesie als Beleg für jene Sollicitationstheorie angeführt wird, zeigt dass der Abammon hier nicht eine neue Meinung auszusprechen glaubt, sondern nur auf eine seinem Gegner Porphyrios so gut wie Jedem seiner Leser längst vertraute Ansicht hindeutet; und wie wird man die Verbreitung einer solchen Ansicht anders als daraus erklären können, dass sie in der vollständigen aristotelischen Poetik entwickelt gewesen? An Platon nicht zu denken braucht Keiner sich erst warnen zu lassen, der je in das zweite oder in das zehnte Buch der Politeia einen Blick warf; ausser Platon aber haben unter allen griechischen Philosophen nur noch die Peripatetiker sich eingehend mit ästhetischer Theorie befasst; und es hiesse fürwahr das schöpferische Vermögen und den Einfluss der nacharistotelischen Peripatetiker gewaltig überschätzen, wollte man glauben, dass sie so keimkräftige Kerngedanken wie der hier auftretende aus selbständiger Initiative, ohne Vorgang ihres grossen Meisters hätten fassen und in Umlauf setzen können. Dass schliesslich gar Jamblichos auf eigene Hand blos aus der in unserer Poetik vorfindlichen Definition, deren abgerissene Räthselhaftigkeit einem Lessing unzugänglich blieb, und aus den Andeutungen in der Politik, welche doch weder Tragödie noch Komödie mit Namen nennen, sich jene Theorie zusammengedacht habe — dies im Ernste zu behaupten, kann wohl Niemand gesonnen sein; und selbst, wer dem reinen Widerspruch zu Liebe eine solche Thesis vertheidigen wollte, hätte es noch begreiflich zu machen, wie nicht blos Jamblichos für seine Person diese Combinationsgabe besitze, sondern, da er ja offenbar wie von etwas Allbekanntem redet, sie nun auch gleich bei Porphyrios und seinen übrigen Lesern | voraussetzen konnte. Es wird also dabei sein Bewenden haben müssen, dass Jamblichos hier die aus unserer Poetik verschwundenen Erläuterungen über Katharsis ausbeutet; und in der That steht nichts der Annahme im Wege, dass der erste, den allgemeinen Gedanken enthaltende Satztheil (Z. 1—9 ἀποπληροῦνται) so ziemlich in denselben Worten aus Aristoteles' Feder geflossen sei. Weiterhin freilich würde Aristoteles nicht Z. 13 ἀλλότρια πάθη θεωροῦντες ἵσταμεν τὰ οἰκεῖα πάθη geschrieben haben, sondern τὰ οἰκεῖα παθήματα. Aber die Vermuthung ist durchaus nicht unwahrscheinlich, dass in Jamblichos' unverdorbenem Text ebenfalls παθήματα geschrieben war, da es ja vorhin (Z. 2 τῶν ἀνθρωπίνων παθημάτων) richtig gesetzt ist, und überhaupt kein Anlass zu einem Substantiv nach οἰκεῖα vorlag, wenn blos das unmittelbar danebenstehende πάθη wiederholt werden sollte. Weitschweifige Wörterhäufung gehört keineswegs zu den stilistischen Mängeln dieser jamblichischen Schrift; vielmehr wird ihr in der oben (S. 36) erwähnten griechischen Notiz mit vollstem Recht eine aphoristische Abgemessenheit (κομματικὸν καὶ ἀφοριστικὸν καὶ γλαφυρόν) beigelegt. Wäre es also nicht um eine andere begriffliche Nüance zu thun gewesen, wie eben παθήματα sie ausdrückt, so hätte Jamblichos gar kein abermaliges Substantiv gesetzt, sondern kurzweg geschrieben ἀλλότρια πάθη θεωροῦντες ἵσταμεν τὰ οἰκεῖα. Jedoch hängt die bezeugende Kraft der ganzen Stelle nicht im Mindesten von der Richtigkeit dieser conjecturalen Aenderung ab. Mag die fragliche Ungenauigkeit dem Jamblichos selbst oder dessen Abschreibern zur Last fallen, er hätte die dramatische Katharsis überall nicht in diesen Zusammenhang hineinziehen können, hätte er nicht gerade den Punkt, wo unsere Auffassung derselben den bisher gangbaren entgegentritt, in der vollständigen Poetik zu unseren Gunsten entschieden gefunden. Denn weder Lessings Verwandlung der Leidenschaften in tugendhafte Fertigkeiten, noch Müllers Verwandlung der Unlust in Lust (S. 5) eröffnet einen Uebergang in die phallische Katharsis, wie sie der unsaubern Apologetik des Jamblichos dienen soll; mit welch verführerischer Leichtigkeit dagegen eine Theorie psychologischer Sollicitation sich auf das sinnliche Gebiet hinüberspielen lässt, lehrt die Sectengeschichte aller Zeiten und leider auch aller Religionen.

Kaum dürfte hiernach der Beweis für die aristotelische Abstammung dieser jamblichischen Sätze etwas zu wünschen lassen, als etwa den | Wunsch, dass Jamblichos jeden Beweis von vornherein hätte überflüssig machen mögen durch offene Nennung des Namens Aristoteles. Aber auch dieser Wunsch muss, kaum laut geworden, allsogleich wieder verstummen, da er in unbilliger Weise gegen die einmal vorgenommene abammonische Maske verstösst. Für priesterliche Unfehlbarkeit wollen ausdrückliche Berufungen auf Laien sich nicht sonderlich schicken, am allerwenigsten auf Laien von der unpriesterlichen Richtung des Aristoteles; wie denn in der ganzen abammonischen Antwort nur äusserst wenige namentliche Citate sich finden; höchstens widerfährt diese Ehre dem Ephesier Herakleitos, welchen überhaupt die Neuplatoniker so gut wie die Kirchenschriftsteller gleichsam kanonisiren; für die anderen Philosophen ist es Ehre genug, dass der Priester, wenn er ihre Ansichten brauchen kann, durch stillschweigende Benutzung seinen Beifall zu erkennen giebt. Müssen wir also den Mangel einer Erwähnung des Namens Aristoteles bei Jamblichos-Abammon verschmerzen, so hat sich doch darum nicht minder klar ergeben, dass dieser Neuplatoniker aus der vollständigen Poetik schöpfte, und wir dürfen uns weiter im neuplatonischen Kreise umsehen, ob nicht ein Anderer aus seiner Mitte, den keine priesterliche Standesrücksicht band, jenen Mangel ersetzt. Abermals werden jedoch, um der Deutlichkeit und leichteren Prüfung willen, weitläufigere Angaben nöthig als für andere Bereiche der griechischen Litteratur jetzt erforderlich und üblich sind. F. A. Wolf's wohlangelegter Plan, eine Sammlung der neuplatonischen Commentare seiner Ausgabe des Platon anzuschliessen*), ist leider weder von ihm noch von den späteren Herausgebern ins Werk gesetzt worden; Vieles aus dieser Schriftenreihe ruht noch gänzlich in handschriftlicher Abgeschiedenheit; und Manches von dem Gedruckten dürfte, da es nur Einmal und meistens im sechzehnten Jahrhundert gedruckt ist, für den augenblicklichen Gebrauch schwerer als das Handschriftliche zu beschaffen sein. So sind gleich des Proklos Vorlesungen über Platons Politeia, welche hier von Wichtigkeit werden, zum Theil gar nicht[12], zum Theil nur Einmal gedruckt im Anhang

---

*) [S. die conditiones librariae novae editionis Platonicorum operum p. X vor Wolf's Quartausgabe der drei Dialoge Euthyphron, Apologia, Kriton, Berlin, 1812.]

des Basler Platon vom Jahr 1534, welcher mit einer Vorrede des wackeren, und besonders als Vorredenschreibers wackeren, Simon Grynäus geziert ist. Anders als in seinen meisten Erklärungsschriften giebt Proklos hier nicht einen an dem platonischen Context hinschleichenden Commentar, sondern er greift einzelne Hauptpunkte heraus und bespricht | sie in selbständigen Abhandlungen. Die Dritte derselben entwickelt, laut der Ueberschrift (p. 360 ed. Bas.), „Platons Ansicht über die Dichtkunst, ihre Unterarten und die beste Gattung von Harmonie und Rhythmos (περὶ τῆς ποιητικῆς καὶ τῶν ὑπ' αὐτῆς εἰδῶν καὶ τῆς ἀρίστης ἁρμονίας καὶ ῥυθμοῦ τὰ Πλάτωνι δοκοῦντα).' Zehn Probleme werden im Eingang hergerechnet, von denen uns nur das zweite angeht:

δεύτερον, τί δήποτε μάλιστα τὴν τραγῳδίαν καὶ τὴν κωμικὴν οὐ παραδέχεται, καὶ ταῦτα συντελοῦσαν (—ούσας?) 5 πρὸς ἀφοσίωσιν τῶν παθῶν, ἃ μήτε παντάπασιν ἀποκλίνειν δυνατὸν μήτε ἐμπιμπλάναι πάλιν ἀσφαλές, δεόμενα δέ τινος ἐν καιρῷ κινήσεως, ἣν 10 ἐν ταῖς τούτων ἀκροάσεσιν ἐκπληρουμένην ἀνενοχλήτους ἡμᾶς ἀπ' αὐτῶν ἐν τῷ λοιπῷ χρόνῳ ποιεῖν.	Zweitens, warum lässt Platon die Tragödie und die komische Poesie nicht zu, obgleich sie doch zur Abfindung der Affecte dienen, die weder ganz zu beseitigen möglich, noch wiederum völlig zu befriedigen gerathen ist, die vielmehr einer rechtzeitigen Anregung bedürfen, und wäre diese bei den Vorträgen jener Dichtungen gewährt, so würde sie uns für die Zukunft vor Belästigung seitens jener Affecte bewahren.

Auch die mittelmässigste Spürkraft hätte wohl nicht erst der Vergleichung mit der eben behandelten Jamblichischen Stelle bedurft, um zu merken, dass dies, für einen Proklos ungewöhnlich scharf gefasste, Problem nicht seinem Nachdenken zuerst sich aufgedrängt habe, sondern auf eine längst der platonischen Verwerfung entgegengetretene Empfehlung des Drama zurückgehe; so zutreffend, als man nur erwarten kann, wird mit ‚Sollicitation der Affecte (κίνησις τῶν παθῶν Z. 9)' der Ausgangspunkt dieser dem Drama günstigen Theorie bezeichnet; und als Wirkung dramatischer Darstellungen erscheint ‚Abfinden der Affecte (ἀφοσίωσις τῶν παθῶν Z. 5), in einer aus dem gediegenen Metall des griechischen Sprachschatzes geprägten Metapher [14]), deren bedeutungsvolle Lebendigkeit weit über die stilistischen Mittel des matten Proklos hinausgeht. Man würde den Stempel des Stagiriten erkennen, auch wenn Proklos nicht, da wo er das angekündigte Problem zu lösen beginnt, folgenden, jede Widerrede verbietenden Aufschluss gegeben hätte (p. 362):

τὸ δὲ δεύτερον (πρόβλημα) τοῦτο δ'(δὴ?) ἦν, τὸ τὴν τραγῳδίαν ἐκβάλλεσθαι καὶ κωμῳδίαν ἀτόπως, εἴπερ διὰ 5 τούτων δυνατὸν ἐμμέτρως ἀποπιμπλάναι τὰ πάθη καὶ ἀποπλήσαντα (— τας) ἐνεργὰ πρὸς τὴν παιδείαν ἔχειν, τὸ πεπονηκὸς αὐτῶν θεραπεύ- 10 σαντες (— τας). τοῦτο δ' οὖν πολλὴν καὶ τῷ Ἀριστοτέλει παρασχὸν αἰτιάσεως ἀφορμὴν καὶ τοῖς ὑπὲρ τῶν ποιήσεων τούτων ἀγωνισταῖς τῶν πρὸς 15 Πλάτωνα λόγων οὑτωσί πως ἡμεῖς ἑπόμενοι τοῖς ἔμπροσθεν διαλύσομεν.	Das zweite Problem ging dahin, dass Platons Verbannung der Tragödie und Komödie aus seinem Staat absurd sei, da man ja durch diese Dichtungen die Affecte maassvoll befriedigen und, nach gewährter Befriedigung, an ihnen kräftige Mittel zu sittlicher Bildung haben kann, nachdem ihr Beschwerliches geheilt worden. Diesen Punkt nun, welcher dem Aristoteles vielen Anlass zu Vorwürfen und den Verfechtern jener Poesien zu Entgegnungen gegen Platon gegeben hat, wollen wir, dem Früheren gemäss, in folgender Weise erledigen.

In unserer Poetik wird der Name Platon nicht ein einziges Mal genannt; auch Seitenblicke finden sich nicht so häufig und sind nicht so anzüglicher Art, dass sie einen Proklos hätten berechtigen können, von vielen Beschuldigungen oder Vorwürfen ($αἰτιάσεως$ Z. 12) des Aristoteles gegen Platon zu reden. Der Schluss ist also zwingend, dass Proklos die verlorene Auseinandersetzung über Katharsis vor sich hatte. Dort, wo er die Sollicitationstheorie durchführte, konnte Aristoteles die offene Polemik gegen Platon, welcher auch die behutsamste Anregung der Affecte für so gefährlich wie Oelguss ins Feuer erklärt, mit dem besten Willen nicht vermeiden; und war der Kampf einmal eröffnet, so ist er gewiss in nicht minder derb zustossender Weise geführt worden als z. B. in den zwei ersten Büchern der Politik gegen die platonische Staatsverfassung. Ueberall ja wo diese Dioskuren der griechischen Philosophie in ihrer beiderseitigen Eigenthümlichkeit an einander gerathen, nimmt der Streit die Heftigkeit eines Bruderzwistes an; und kaum möchte sich eine Frage ersinnen lassen, bei welcher so geschärft wie bei dieser Sollicitationsfrage der Gegensatz hervorbräche zwischen dem platonischen Streben nach lauterer Vergeistigung und dem aristotelischen nach rücksichtsvoller Vermenschlichung des Menschen. Durch eine Controverse, welche so tief wurzelnde Verschiedenheiten zur Sprache brachte, musste Proklos den Eindruck von ‚Vorwürfen und Beschuldigungen' empfangen; je begreiflicher dies wird, desto zuversichtlicher darf nun auch die $κίνησις$ sowohl als die $ἀφοσίωσις\ τῶν\ παθῶν$ (oben S. 47) aus dem verlorenen, theilweise gegen Platon gerichteten

Abschnitt der Poetik hergeleitet werden, und desto hoffnungsvoller durchsuchen wir den Sand der weitern Rede des Proklos nach ähnlichen aristotelischen Goldkörnern. Zunächst freilich verliert sich der Neuplatoniker in eine ebenso unerquickliche wie für unseren Zweck unergiebige Diatribe, dass die Tugend ein Einfaches (ἁπλοῦν), das Drama dagegen mit Mannigfaltigkeit (ποικιλία), | dem neuplatonischen bösen Princip, behaftet sei. Hierdurch glaubt er Platons Verwerfung der dramatischen Poesie gerechtfertigt, ihre Vertheidiger, also auch den Aristoteles, besiegt zu haben, und um den errungenen Sieg zu verfolgen, kommt er am Schluss noch einmal in folgenden näheren Hindeutungen auf jene Antiplatoniker zurück (p. 362):

δῆλον οὖν ὅτι καὶ τὴν τραγῳδίαν καὶ τὴν κωμῳδίαν παντοίων οὔσας μιμητικὰς ἠθῶν καὶ μεθ᾽ ἡδονῶν προςπιπτού-
5 σας τοῖς ἀκούουσιν διευλαβηθησόμεθα, μὴ τὸ ἐπαγωγὸν αὐτῶν εἰς συμπάθειαν τὸ ἀγώγιμον ἑλκύσαν τὴν τῶν παίδων ζωὴν ἀναπλήσῃ τῶν ἐκ τῆς
10 μιμήσεως κακῶν, καὶ ἀντὶ τῆς πρὸς τὰ πάθη μετρίας ἀφοσιώσεως ἕξιν πονηρὰν ἐντήκωσι ταῖς ψυχαῖς καὶ δυσέκπιπτον (scr. δυσέκνιπτον coll.
15 Plat. Rep. 2 p. 378 d), τὸ ἓν καὶ τὸ ἁπλοῦν ἀφανίσασαν τὰ δ᾽ ἐναντία τούτων ἐκμαξαμένην ἀπὸ τῆς πρὸς τὰ παντοῖα μιμήματα φιλίας· ἐπεὶ καὶ

Es erhellt demnach, dass wir uns sowohl vor Tragödie als vor Komödie, weil sie ohne Unterschied Charaktere aller Art nachahmen und unter Lustempfindungen auf die Zuhörer wirken, wohl zu hüten haben, damit ihr Reiz, wenn er das reizbare Gemüthselement zu Mitempfindung hinreisst, nicht das Leben der Jünglinge mit den aus jener Nachahmung entspringenden Uebeln anfülle und, anstatt eine mässige Abfindung zu gewähren, ihren Gemüthern eine schlimme und schwer fortzuwaschende Färbung einflösse, welche das Eine und das Einfache verwischt und das diesen Entgegenstehende, in Folge der Neigung zu allartiger Nachahmung, ausprägt. Rich-

20 διαφερόντως αἱ ποιήσεις αὗται
πρὸς ἐκεῖνο τῆς ψυχῆς ἀπο-
τείνονται τὸ μάλιστα τοῖς πά-
θεσι ἐκκείμενον, ἡ μὲν τὸ φι-
λήδονον ἐρεθίζουσα καὶ εἰς
25 τελετὰς (scr. γέλωτας) ἀτό-
ποις ἐξάγουσα, ἡ δὲ τὸ φιλό-
λυπον παιδοτριβοῦσα καὶ εἰς
θρήνους ἀγεννεῖς καθέλκουσα,
ἑκατέρα δὲ τρέφουσα τὸ πα-
30 θητικὸν ἡμῶν καὶ ὅσῳ ἂν
μᾶλλον τὸ ἑαυτῆς ἔργον ἀπερ-
γάζηται, τοσούτῳ μᾶλλον. δεῖ
(scr. δεῖν) μὲν οὖν τὸν πολι-
τικὸν διαμηχανᾶσθαί τινας
35 τῶν παθῶν τούτων ἀπεράνσεις καὶ ἡμεῖς φήσομεν, ἀλλ'
(adde οὐχ) ὥστε τὰς περὶ
αὐτὰ προσπαθείας συντείνειν,
τοὐναντίον μὲν οὖν ὥστε χα-
40 λινοῦν καὶ τὰς κινήσεις αὐτῶν
ἐμμελῶς ἀναστέλλειν, ἐκείνας
δὲ ἄρα τὰς ποιήσεις πρὸς τῆς
ποικιλίας (scribe τῇ ποικιλίᾳ)
καὶ τὸ ἄμετρον ἐχούσας ἐν
45 ταῖς τῶν παθῶν τούτων προ-
κλήσεσι πολλοῦ δεῖν εἰς ἀφο-
σίωσιν εἶναι χρησίμους· αἱ γὰρ
ἀφοσιώσεις οὐκ ἐν ὑπερβο-
λαῖς εἰσιν, ἀλλ' ἐν συνεσταλ-
50 μέναις ἐνεργείαις, σμικρὰν
ὁμοιότητα πρὸς ἐκεῖνα ἔχου-
σαι ὧν εἰσιν ἀφοσιώσεις.

ten sich doch jene Dichtgattungen vornehmlich auf dasjenige Element der Seele,
welches zumeist den Affecten
blosgestellt ist, die Komödie,
indem sie das vergnügungs-
süchtige Gefühl stachelt und
in unmässiges Lachen aus-
brechen lässt, die Tragödie,
indem sie die Trauersucht
gross zieht und zu unmänn-
lichen Klagetönen hinreisst;
beide nähren, jede an ihrem
Theil, das den Affecten un-
terworfene Element in uns,
und sie thun dies um so mehr,
je vollständiger sie ihrer dichterischen Aufgabe genügen.
Allerdings wollen auch wir
nicht leugnen, dass es dem
Gesetzgeber obliege, gewisse
ἀπεράνσεις jener Affecte zu
beschaffen, jedoch nicht so,
dass dadurch der Hang zu
ihnen noch verstärkt, sondern
vielmehr, dass er gezügelt und
allgemach gedämpft werde;
von jenen Dichtgattungen
also, welche ausser mit der
Mannigfaltigkeit auch noch
mit der Maasslosigkeit in der
Hervorlockung jener Affecte
behaftet sind, glauben wir,
dass sie nicht von fern zu Abfindungen dienen kön'nen.
Denn Abfindungen bestehen
nicht in Uebermaass, sondern
in gedämpften Wirkungen
und haben nur eine geringe
Aehnlichkeit mit dem, wovon
sie Abfindungen sein sollen.

Man lasse sich die Länge dieser Stelle nicht verdriessen.
Auch um ein Paar bauschige Perioden mehr wäre der

doppelte Ertrag, welchen sie gewährt, nicht zu theuer erkauft. Denn erstlich bestätigt sie es auf die unumstösslichste Weise, dass ἀφοσίωσις eines der hervorragendsten Stichwörter in dem gegnerischen, also in dem aristotelischen, Vortrage war; zweimal, wo er eben des Gegners Ansicht anführt (Z. 11 und 46), erwähnt Proklos dieses Wort mit unverkennbarem Nachdruck; und zum Schluss (Z. 47—52) giebt er eine Erklärung desselben, die es ausser allem Zweifel setzt, dass er sowohl wie Aristoteles ἀφοσίωσις im Sinn von ‚Abfindung' verstanden habe — was hervorzuheben vielleicht nicht überflüssig ist für den Fall, dass Jemand, durch den Klang von ὅσιος verleitet, an ‚Verheiligung', also etwa an die Iambinische (oben S. 12) Lustration denken wollte. Noch werthvoller aber, obwohl erst einer kleinen Zubereitung bedürftig, erweist sich der aristotelische Rest, welcher da erhalten ist, wo Proklos mit der allgemeinen Tendenz des Gegners sich einverstanden, jedoch das zu ihrer Erreichung vorgeschlagene Mittel für unzweckmässig erklären will (Z. 33 bis 41) und mithin schon der ganze Gedankengang, selbst wenn die Partikel ‚Allerdings (μὲν οὖν Z. 33)' nicht unweigerlich dazu zwänge, in den Worten ‚es sollen gewisse ἀπεράνσεις der Affecte beschafft werden (Z. 34—36)' den engsten Anschluss an Aristoteles' eigene Ausdrücke voraussetzen lässt. Nun ist jedoch ἀπέρανσις gar kein griechisches Wort, und für den hiesigen Bedarf gemacht kann es auch nicht sein, weder von Aristoteles noch von Proklos. Denn, um von der bedenklichen Compositionsform zu schweigen, so könnte es den Bestandtheilen gemäss ja nur ‚Unbegrenztheit,

Unendlichkeit' bedeuten, Begriffe, für welche erstlich jeder griechisch Schreibende die gewöhnlichen Bezeichnungen τὸ ἄπειρον und ἀπειρία nahebei vorfindet, also nicht den geringsten Anlass zu Erschaffung neuer Wörter haben kann. Und ferner konnte es einem Aristoteles so wenig wie einem andern seiner Vernunft mächtigen Menschen je einfallen zu behaupten, dass man die Affecte ‚unbegrenzt, unendlich' machen solle, am allerwenigsten aber durfte Proklos, der ja eben ihrer ‚Maasslosigkeit (τὸ ἄμετρον Z. 44)' wegen hier die | Tragödie und Komödie verwirft, einer solchen Behauptung beistimmen. Mit Sicherheit erkennt man also in ἀπέρανσις einen Schreibfehler und auf eben so sicherem Wege wird er durch Streichung Eines Buchstaben gebessert. Ἀπέρασις nämlich, von dem als Simplex ungebräuchlichen ἐράω gebildet[15]), bedeutet ‚Abschöpfung einer überfliessenden Feuchtigkeit' und ist stehender Ausdruck geworden für die bezügliche medicinische Behandlung des menschlichen Körpers, sowie für Ableitung anschwellender Pflanzensäfte. Dieses Wort hatte demnach Aristoteles in dem verlorenen Abschnitt der Poetik neben ἀφοσίωσις als nächstes Nachbarwort der κάθαρσις beigesellt; und Proklos, der aus guten, später noch anzugebenden Gründen sich scheut, κάθαρσις in medicinischem, d. h. aristotelischem, Sinne zu gebrauchen, hat hier, wo es auf Wiedergabe des aristotelischen Wortlauts ankam, statt κάθαρσις lieber das ebenfalls aristotelische und unzweideutig medicinische Synonymum ἀπέρασις gewählt, um sein Zugeständniss dahin abzulegen, dass ‚allerdings es gerathen sei, den Affecten gewisse Ableitungen (ἀπεράσεις) — wie Aristoteles sage —

,zu schaffen (Z. 33—36)'; nur begreife er, Proklos, nicht, wie das Drama, da es ja vielmehr die Affecte maasslos steigere, zu solcher ‚Ableitung' dienen könne.

Es würde als unhöfliches Misstrauen gegen Theilnahme und Einsicht des Lesers erscheinen müssen, wollten wir ausführlich bei der bestätigenden Kraft verweilen, welche für unsere Herleitung und Auffassung der Katharsis in diesem wiederentdeckten Synonymum ἀπέρασις liegt. Gerade aber weil ihm ein so entscheidendes Gewicht zukommt, dürften Manche, auch wenn sie an der Richtigkeit der vorgenommenen Besserung selbst zu zweifeln nicht im Stande sind, dennoch um der Schwächeren willen den Wunsch hegen, dass ein so schlagendes Zeugniss durch keine noch so gelinde Conjectur erst entziffert, sondern irgendwo in ungetrübter Lesbarkeit als herstammend aus jenem aristotelischen Abschnitt vorgefunden werde. Soll diesem billigen Wunsche Genüge geschehen, so muss man sich ein abermaliges Eingehen auf die dämonologische Polemik zwischen Porphyrios und Jamblichos gefallen lassen. Denn wie Proklos das bei Jamblichos vermisste namentliche Citat des Aristoteles geliefert hat, so kann nun Jamblichos seinerseits für die bei Proklos durch ein ungehöriges ν verdunkelte ἀπέρασις einen Gegendienst leisten.

Porphyrios hatte unter anderen Erscheinungen des Enthusiasmus auch die mit den Wirkungen der Musik zusammenhängenden Phänomene berührt, auf welche die aristotelische Ansicht von Katharsis gebaut ist (oben S. 10), und wahrscheinlich hatte er durch den Ton der bezüglichen, uns nicht mehr vollständig erhaltenen, Fragen deutlich die Neigung blicken lassen, jene Thatsachen im Anschluss an Aristoteles auf medicinisch-pathologischem Wege zu erklären. Wenigstens beginnt Jamblichos seine Replik mit einer ziemlich entrüsteten Zurückweisung der aristotelischen Theorie unter fortwährender Bezugnahme auf viele uns schon als aristotelisch bekannte Ausdrücke und Gesichtspunkte. Alles — sagt er Sect. 3. c. 9 — was darüber vorgebracht werde, dass die Musik Affecte einflössen oder durch eine Cur wieder ins Geleise bringen (ἐμποιεῖν ἢ ἰατρεύειν τὰ πάθη τῆς παρατροπῆς), dass sie Temperament und Verfassung des Körpers umstimmen könne, dass durch gewisse Lieder orgiastischer Taumel erregt, durch andere besänftigt werde, dass für ekstatische Zustände rauschende Lieder wie die des Olympos (s. oben S. 11) angebracht seien — alles Dieses und alles dem Aehnliche scheine ihm weitab vom Enthusiasmus zu führen. Denn es sei dies Alles natürlich und menschlich und Menschenwerk, von Göttlichem (θεῖον) aber, wie es doch schon das Wort ἐνθουσιασμός verlange, sei darin keine Spur zu erblicken. Im Gegensatz zu dieser ungöttlichen Auffassung vertritt darauf Jamblichos die Ansicht, dass die einzelnen Liederweisen eine specifische Verwandtschaft mit den einzelnen Göttern haben, welche nun im Klang des Liedes gegenwärtig geworden, als gegenwärtige, je nach der ihnen zukommenden Macht, auf die anwesenden Menschen unmittelbar wirken und diese in mannichfach sich äussernde, bald still brütende, bald tobend taumelnde Zustände einer wirklichen Vergottung, eines ἐνθουσιασμός, versetzen. Näher auf diese musikalische Theologie einzugehen, erfordert der hiesige

Zweck nicht, und es kann auch nicht viel Bedauern erwecken, dass ihre, wohl sehr umfängliche, Darlegung in den Handschriften, welche der englische Herausgeber benutzte, durch beträchtliche Lücken abgekürzt war. Um so höhere Bedeutung gewinnt der Schlusssatz der ganzen Abhandlung, welcher noch einmal gegen die gottlose Medicin des Aristoteles ankämpft und in Gale's Text freilich so gedruckt ist (p. 70 l. 12): ἀφαίρεσιν δὲ καὶ ἀποκάθαρσιν ἰατρείαν τε οὐδαμῶς αὐτὸ κλητέον· οὐδὲ γὰρ κατὰ νόσημά τι ἢ πλεονασμὸν ἢ περίττωμα πρώτως ἐν ἡμῖν ἐμφύεται, θεία δὲ αὐτοῦ συνίσταται ἡ πᾶσα ἄνωθεν ἀρχὴ καὶ μεταβολή. Aber glücklicherweise hat Gale, der kritisches Geschick hier so wenig wie sonst bewährt, doch seine Pflicht als Herausgeber nicht versäumt. In der Note (p. 226) zu dieser Stelle sagt er bezüglich des ersten Wortes: *linea* 12 ἅ πέρασι *mutavi in* ἀφαίρεσιν. Handschriftlich überliefert sind also die Buchstaben απερασι, welche gar nicht geändert, sondern nur richtig verbunden und accentuirt zu werden brauchen, damit ἀπέρασιν, das Wort welches wir suchten, zu Tage trete. Wie trefflich es in den Zusammenhang passt, zeigt die blosse Uebersetzung: ‚Ableitung aber ‚und Entladung und Cur darf man diese enthusiastischen ‚Vorgänge keineswegs nennen; denn nicht in Folge von ‚Krankheit oder Ueberfüllung oder auszustossenden Stoffen ‚entsteht der Enthusiasmus ursprünglich in uns, sondern ‚sein oberster Anfang und sein Verlauf erfolgt durchaus ‚als ein göttlicher.' Und dass ferner ἀπέρασιν aus einer aristotelischen Umgebung hieher versetzt ist, würden, abgesehen von dem collateralen Zeugniss des Proklos, schon die zwei nebenstehenden Substantive ἀποκάθαρσιν ἰατρείαν τε beweisen. Denn ἰατρεία ist ja eben das von Aristoteles in der Politik gebrauchte (oben S. 8 Z. 32) und also gewiss in der Poetik widerholte Nebenwort zu Katharsis; ἀποκάθαρσις aber ist die Katharsis selbst, und gerade die geringe Abänderung, welche Jamblichos bei diesem aristotelischen Terminus sich erlaubt, darf als neuer Beweis für den medicinischen Ursprung desselben geltend gemacht werden. Weil nämlich Katharsis in der neuplatonischen Schulsprache stehende Bezeichnung für asketische Unterwerfung der sinnlichen Triebe geworden war und mithin der Leser einer neuplatonischen Schrift, wenn er auf Katharsis stösst, zunächst dieser asketischen Bedeutung sich erinnert, so glaubte Jamblichos, der in der aristotelischen Poetik die Katharsis in rein medicinischem Sinne vorfand und in diesem Sinne sie hier zurückzuweisen hatte, jedem Missverstand am sichersten dadurch zu entgehen, dass er κάθαρσις mit der Präposition ἀπό versah, welche an nichts, als an medicinisches Fortschaffen zu denken gestattet. In ebenderselben Rücksicht auf die neuplatonische Schulsprache liegt auch der Grund, weshalb Proklos überall, wo er auf Aristoteles' Lehre zu reden kam, statt der Katharsis, welche er gewiss nicht absichtslos vermeidet (s. oben S. 52), lieber die anderen, keiner Sinnvertauschung ausgesetzten Synonyma (ἀφοσίωσις, ἀπέρασις) gewählt hat. Und so werden uns denn diese neuplatonischen Widersacher des Aristoteles lehrreich nach | negativer wie nach positiver Seite. Nach negativer, insofern sie unmöglich die Katharsis in der vollständigen Poetik für ein moralisches Besserungsmittel können erklärt gefunden haben; denn alsdann würden sie gewiss nicht jeder Berührung mit ihr so scheu ausgewichen sein, sondern weit eher hätten sie, wie es ihnen ja auf ein wenig Mengerei der philosophischen Doctrinen sonst nicht anzukommen pflegt, den Versuch gemacht, die aristotelische Katharsis zu ihrer eigenen, d. h. der asketischen, heranzubiegen. Die positive Ausbeute aber, welche sie gewährten, die deutlich und zum Theil in Aristoteles' Worten ausgesprochene Sollicitationstheorie, die Abfindung (ἀφοσίωσις) der Affecte als Wirkung des Drama, die medicinische ἀπέρασις als Synonymum von κάθαρσις — alles dies liefert so unverwerfliche, weil aus Aristoteles selbst geschöpfte, Belege für den im vorigen Abschnitt ermittelten Wortsinn der Definition von Tragödie, dass die Zustimmung überzeugungswilliger Leser wohl als errungen vorausgesetzt und nunmehr die Stellung bezeichnet werden darf, welche die Katharsis, als eine Entladung sollicitirter Affectionen, einnimmt gegenüber den tragischen Musterwerken und innerhalb der aristotelischen Poetik wie des gesammten aristotelischen Lehrgebäudes.

IV.

Zuvörderst erwächst nun aus diesem Verständniss von Katharsis der gewiss nicht gering anzuschlagende Gewinn, dass die kathartische Wirkung der griechischen und jeder wahren Tragödie nicht länger mittelst Analysen der einzelnen Dramen braucht nachgewiesen zu werden, was, so lange in Katharsis eine moralische Verbesserung der Leidenschaften gefunden wurde, deshalb unerlässlich war, weil es gar nicht erst der Unantastbarkeit des Genies, wie sie einen Goethe und Platon schützte, sondern blos gewöhnlicher Ehrlichkeit bedarf zu dem Bekenntniss, dass man eine solche moralische Wirkung von Tragödien **unmittelbar** nicht verspüre, um so weniger verspüre, je besser die Tragödien sind. Und unmittelbar müsste doch, wie Goethe (s. oben S. 4) mit Recht hervorhebt, die Wirkung sein, wenn ihr ein so fester und hoher Platz in der Definition eingeräumt werden soll. Hätte Lessing sich nicht durch die Eile, welche ihn in der Dramaturgie vorwärts treibt, von der Verpflichtung zu jenem analytischen Nachweis entbunden erachtet, vielleicht dass er unter dem Versuch die Unmöglichkeit des Gelingens eingesehen und dann sich dazu verstanden hätte, nicht zwar seine Ansicht von dem moralisirenden Theater überhaupt — denn diese gehört bei Lessing zu dem Tribut, welchen er seinem noch nicht durch Goethe befreiten Jahrhundert abträgt — aber doch die Annahme einer aus den griechischen Tragödien abstrahirten moralischen Katharsis bei Aristoteles zu berichtigen. Nachfolger Lessings freilich, die keine Eile hatten, sind frischen Muthes daran gegangen, die von ihm unterlassenen Analysen nachzuliefern; mit welchem Erfolge, mag Jeder selbst entscheiden, der es über sich gewinnen kann, der folternden Katechese beizuwohnen, welche dann immer nach einem Moralcompendium des achtzehnten oder neunzehnten Jahrhunderts angestellt wird mit der gewaltigen Muse des

Aeschylos, welche alle derartige Moral überragt, mit der milden des Sophokles, welche alle derartige Moral übersieht, und mit der leidenschaftlichen des Euripides, welche alle derartige Moral übertäubt. Eines so peinlichen Geschäfts, die grosse tragische Trias ins moralische Verhör zu nehmen, war Aristoteles und sind wir mit ihm völlig überhoben. Seine Forderung der Katharsis verlangt von der Tragödie nichts weiter, als dass sie dem Zuschauer einen Stoff biete, an dem er die Doppelempfindung von Mitleid und Furcht auslassen könne; wie der Dichter demgemäss sein Werk anlegen müsse, darüber hat Aristoteles unter reichlichen, theils lobenden, theils tadelnden Hinweisungen auf das griechische Bühnenrepertoir im dreizehnten und vierzehnten Capitel der Poetik die strengsten und fruchtbarsten Regeln gegeben; dafür aber, dass die tragisch wirksamen Stücke diese pathologische Wirkung üben, hat er gewiss auch in dem verlorenen Abschnitt nicht erst litterärgeschichtliche Belege beigebracht; und hätte Jemand sie ihm abgefordert, so würde er wohl, da er in solchen Fällen ja derb zu werden pflegt, ähnlich geantwortet haben, wie er es bei einer gleichartigen Gelegenheit thut: ‚das heisse Belege verlangen für Dinge, die wir zu gut empfinden, als dass sie eines Beleges bedürfen' (ζητεῖν λόγον ὧν βέλτιον ἔχομεν ἢ λόγου δεῖσθαι Phys. 8, 3 a. E.). Nur Einmal hat er mit dem Maasstab der allgemein kathartischen Theorie, nicht die einzelnen Musterdramen, sondern die tragische Kraft der Musterdichter gemessen, und das Ergebniss, worüber so Mancher schon verwundert die Hände zusammenschlug, lautet dahin, dass

‚Euripides, wie viel er auch sonst im dramatischen ‚Haushalt versehe, doch augenscheinlich der tragischste ‚unter den Dichtern sei (ὁ Εὐριπίδης, εἰ καὶ τὰ ἄλλα μὴ εὖ οἰκονομεῖ, ἀλλὰ τραγικώτατός γε τῶν ποιητῶν φαίνεται Poet. c. 13 p. 1453ᵃ 29).' Nimmermehr wäre ein solches Urtheil zu erklären, wenn Aristoteles in Katharsis eine moralische Verbesserung oder auch nur eine directe Beruhigung der Leidenschaften verlangt hätte. Denn wie entfernt man sich auch von der knabenhaft hochmüthigen Verkennung wissen mag, durch welche die Romantiker an Euripides gefrevelt haben: sittlichen oder künstlerischen Frieden wird man in ihm selbst so wenig wie in seinen Stücken finden können. Vielmehr eine Wollust des Zerreissens und der Zerrissenheit, eine ekstatische Verzweiflung, ein aus allen Tiefen des Verstandes und des Herzens aufstöhnendes Mitleid mit der zusammenbrechenden alten Welt und eine im Schaudern schwelgende Furcht vor dem Eintritt der herannahenden neuen Zeit — diese Stimmungen sind es, welche aus der Persönlichkeit des Euripides in seine Dramen übergehen und nun auch den Zuschauer zu ähnlichen Orgien des Mitleids und der Furcht hinreissen. Aber eben weil Euripides so wirkt, weil er diese Affecte so mächtig hervorlockt, ihrer Fluth ein so tiefes und breites Bette gräbt, in das sie sich ergiessen kann, eben deshalb ist Euripides der kathartischste, und weil in dieser sollicitirend entladenden Katharsis die nächste Wirkung der Tragödie bestehen soll, darf Aristoteles in Einem Athem die sonstigen dichterischen Mängel des Euripides rügen und dennoch behaupten, dass er der ‚tragischste unter den Dichtern sei;' und zwar — sagt Aristoteles — sei er dies ‚augenscheinlich ($\varphi\alpha\acute{\iota}\nu\varepsilon\tau\alpha\iota$)'; die einstimmige Empfindung des griechischen Publicums bestätigt dieses Urtheil über Euripides, so gut wie sie die Forderung der pathologischen Katharsis, aus welcher es allein erklärlich wird, durch alle guten Tragödien, durch die eine in vollerem, durch die andere in minderem Maasse, als erfüllt bezeugt.

Jedoch nicht blos zwischen den antiken Dichtern und dem Philosophen macht die richtig verstandene Katharsis jede Conciliation unnöthig; auch zu den Grundanschauungen Goethe's, die doch, wie sich ehrlicherweise nicht leugnen lässt, Gemüther und Köpfe aller echten Söhne unseres Jahrhunderts beherrschen, stellt sich ein erwünschtes Einvernehmen heraus. Denn das Abstossende der Lessingschen moralischen Erklärung lag für Goethe weniger darin, dass sie die Wirkung überhaupt in die Definition aufnimmt, als darin, dass diese Wirkung nun eine so indirecte und accidentielle sein solle, wie eine moralische es nothwendig sein muss. Es ist Goethe'n unglaublich, dass Aristoteles nicht blos an die Wirkung ‚sondern, was mehr sei, ‚an die entfernte Wirkung gedacht habe, welche eine ‚Tragödie auf den Zuschauer vielleicht machen würde' (s. oben S. 4). Wie er in der Naturwissenschaft die grillenhaft willkürliche Teleologie nicht ertragen kann, welche den Naturdingen einen Zweck anhängt, und etwa, um ein englisches Spottexempel zu gebrauchen, das Element des Feuers deshalb vorhanden sein lässt, damit der rauchende Mensch seine Cigarre daran anstecke, so will er diese transcendente Teleologie auch in der Kunst nicht dulden, nicht einmal bei Aristoteles dulden, von dem Goethe gewiss so gut wusste wie wir Alle es wissen, dass er den Zweckbegriff zu einem der vier Grundpfeiler seiner ätiologischen Methode gemacht hat. Aber so wenig wie Goethe etwas dawider gehabt hätte, dass man in der Diagnose eines Naturdinges, zumal eines Naturorganismus, von derjenigen Wirkung rede, welche nur die nothwendige Ausstrahlung des Wesens, nur die von der individuellen Bestimmtheit unzertrennliche Bestimmung, nur die nach Aussen gewendete Seite der inneren Eigenschaften ist, dass man z. B. vom Feuer sage, es zünde, von der Pflanze, sie dufte, von dem Menschen, er beherrsche die Welt durch den Gedanken — ebensowenig würde Goethe an dieser immanenten Teleologie in der Definition eines Kunstorganismus Anstoss genommen haben. Und Anderes als die mit der einwohnenden Zweckmässigkeit unauflöslich verknüpfte Wirkung sagt die richtig verstandene Katharsis von der Tragödie nicht aus. Wie das Feuer zündet, wenn ein entzündlicher Stoff ihm nahe kommt, so muss die aus traurigen und furchtbaren Ereignissen zusammengesetzte tragische Handlung bei jedem zu Mitleid und Furcht erregbaren, d. h. bei jedem in naturgemässer Verfassung befindlichen Zuschauer einen Ausbruch dieser Affecte bewirken. Wenn Goethe doch nur seinen bekannten, leider erst als es zu spät war gefassten Vorsatz, ordentlich Griechisch und zwar am Aristoteles zu lernen*), noch hätte

---

*) [S. Goethe's Brief an Zelter vom 29. März 1827, Bd. 4 S. 269.]

ausführen können! Seine ästhetischen Grundsätze hätten dann, mit sprachkundiger Sicherheit vereinigt, geraden Weges ihn zu der richtigen Auffassung des Schlussgliedes der Definition führen müssen; und andererseits würde er eingesehen haben, dass die ihm unerlässlich scheinende Forderung einer ‚versöhnenden Abrundung‘, welche er unter grausamer | Vergewaltigung des Wortlautes jenem Schlussglied aufzwingen will, allerdings von Aristoteles als berechtigt anerkannt, aber auch schon in ihr Recht eingesetzt worden ist durch ein früheres Glied der Definition, welches von der Tragödie eine ‚vollständige Handlung (τελείας πράξεως)‘ verlangt, eine Handlung, wie Aristoteles selbst (c. 7 p. 1450^b 26) erläutert, ‚mit Anfang, Mitte und Ende‘ (τὸ ἔχον ἀρχὴν καὶ μέσον καὶ τελευτήν).

Je deutlicher aber hiernach eine weitsinnige, mit antiker wie moderner Poesie befreundete Universalität an der Katharsis heraustritt, desto nothwendiger wird es, nun auch ihren normirenden Gehalt in seiner vollen, für den Dichter wie für das Publicum leitenden Bedeutung aufzuzeigen. Am kürzesten und sichersten wird dies geschehen, wenn wir sie in Aristoteles' Gedanken auf dem von ihm selbst so bevorzugten genetischen Wege hervorwachsen lassen; die meisten der ihr als Factoren dienenden Begriffe sind uns bereits entgegengetreten, jedoch so versprengt, wie es bei den Kreuz- und Querzügen einer heuristisch-kritischen Forschung unvermeidlich war; die Anordnung nach innerer Zusammengehörigkeit wird also, indem sie die Untersuchung abschliesst, auch als Recapitulation ihrer einzelnen Theile gelten können.

Wie fast immer, wo Aristoteles sein Eigenstes aufstellt, legt er auch hier eine empirische Thatsache zu Grunde; sie fällt in den Bereich der ekstatischen Erscheinungen, welche im orientalischen und griechischen Alterthum um so häufiger vorkamen, je tieferen Reiz ein solches Auf- und Ueberwallen der gesammten Gemüthskräfte auf die lebhafte Erregbarkeit jener Völker üben musste und je nachgiebiger das in seiner Herrschaft noch nicht befestigte Selbstbewusstsein den Menschen zu einer selbstentäusserten Verzückung entliess. Wo aber der Menschengeist sich noch nicht in sich selber eingewohnt hat, da wird das Aussersichsein für heilig und göttlich gehalten; und der öffentliche Cultus nahm daher den orgiastischen Taumel in seinen weihenden Schutz und bestimmte ihm feste Formen der Besänftigung. Unter diesen priesterlichen Mitteln zur Stillung der Ekstase musste vorzüglich ein Verfahren, welches Bewegung durch Bewegung, das lärmende Gemüth durch ein lärmendes Lied dämpft, den Blick des Philosophen anziehen, welcher den Spuren der Wirklichkeit am erwartungsvollsten dann nachgeht, wenn sie in einer der abstracten Logik entgegengesetzten Richtung laufen. Um zunächst die offenkundige, aber von | der Menge unbegriffene und deshalb für heilig angestaunte Erscheinung philosophisch begreifen zu können, reiht er sie ähnlichen medicinischen Erfahrungen an. Wie kathartische Mittel dem Körper dadurch Gesundheit schaffen, dass sie den krankhaften Stoff zur Aeusserung hervordrängen, so wirken die rauschenden Olymposweisen sollicitirend auf das ekstatische Element, welches wider die Fessel des Bewusstseins anschäumt, ohne sie aus eigener Kraft sprengen zu können; in unablässigem Wühlen würde es die Grundvesten des Gemüths untergraben, fände es nicht einen Beistand an der Gewalt des Gesanges, von dessen Zuge hingerissen es nun hervorrast, sich der Lust hingiebt, aller Fugen und Bande des Selbst ledig zu sein, um dann jedoch, nachdem diese Lust gebüsst worden, wieder in die Ruhe und Fassung des geregelten Gemüthszustandes sich einzuordnen. In beiden Fällen also, bei der gewöhnlichen somatischen wie bei der ekstatischen Katharsis, wird durch Sollicitation des störenden Stoffes das verlorene Gleichgewicht wiedergewonnen; nur unterscheidet sich die ekstatische Katharsis dadurch, dass sie blos zeitweilige Beschwichtigung, nie dauernde Herstellung bewirken kann, und dass sie, der Natur der Ekstase gemäss, stets unter Lustgefühl erfolgen muss. In dieser unterschiedenen Bestimmtheit erwies sich nun das an der ekstatischen Katharsis beobachtete Phänomen einer alle Arten von Gemüthspathos umfassenden Verallgemeinerung fähig; und hier so wenig wie sonst bei Aristoteles wird die Generalisirung durch zusammenstelende Analogie hervorgebracht, sondern der begriffliche Mittelpunkt des vorliegenden Factums wird erfasst, und diesem Centrum wird gleichsam Raum geschafft, dass es sich zu einem Kreise ausdehne, in welchen die verwandten Facta von selbst hineinfallen. Denn alle Arten von Pathos sind wesentlich ekstatisch; durch sie alle wird der Mensch ausser sich gesetzt; und bei der eigentlich so genannten, von Aristoteles und den Griechen unter Enthusiasmos gemeinten Ekstase treten die ekstatischen Erscheinungen nur darum am heftigsten auf, weil hier die Ekstase objectlos ist, sich an ihrer eigenen Flamme entzündet und nährt. Eben deshalb jedoch können hier die Symptome wie die Wirkung des Heilverfahrens am reinsten beobachtet werden; und was bei der Ekstase, dem mit keinem Object verfangenen Urpathos, sich bewährt, muss auch auf das von bestimmten Objecten angeschürte Pathos sich mit Erfolg übertragen lassen, wenn den durch die Verwickelung mit dem jedesmaligem Object bedingten | Umständen die gebührende Rücksicht geschenkt und es im Auge behalten wird, dass die allgemein pathologische Katharsis ebenso wie ihr specielles Musterbild, die ekstatische, blos eine zeitweilige Wirkung übt, und dass sie immer von Lustgefühl begleitet ist. Und gerade diese zwei von der Logik geforderten Nebenbestimmungen mussten auf das Lockendste den Aristoteles zu weiterer Ausbildung der kathartischen Theorie einladen, da sie mit seinen eigenthümlichsten psychologischen und ethischen Hauptsätzen sich so innig verknüpfen. Denn weder für möglich hält er es, noch für wünschenswerth, den Seelentheil, in welchem die Affecte heimisch sind (τὸ παθητικόν), gänzlich zu ersticken; in einer verlorenen Schrift hatte er, zur Verwunderung des mit der stoischen Apathie liebäugelnden Seneca *(de ira 1, 17)*, es deutlich gesagt, dass ‚die Affecte, richtig angewandt, Waffen der Tugend[16]) werden;' und die Vernunft will er über jenen affectvollen Seelentheil nicht herrschen lassen wie den Herrn über den Sclaven, sondern sie soll nur gebieten ‚wie ein Beamter oder verfassungsmässiger König über den berechtigten Bürger *(Politic. 1, c. 5 p. 1254^b 5)*.' Je weniger Aristoteles also von abtödtenden Radicalcuren der Affecte Heil erwartete, desto grösseres Zutrauen musste er, eben ihrer palliativen Zeitweiligkeit wegen, zu der ableitenden pathologischen Katharsis fassen. Und als doppelt, nach praktischer wie theoretischer Seite, willkommen durfte er die hedonische Natur derselben begrüssen. Denn, was die Praxis anlangt, so weiss jeder Leser seiner Ethik, dass Aristoteles die Lust (ἡδονή) überhaupt weder mit so feierlicher Verachtung wie Platon noch mit so grimmigem Abscheu wie die Stoiker betrachtet; selbst wo er vor ihrer das Urtheil berückenden Macht warnen muss, bekennt er sich zu der Empfindung, welche die Aeltesten Troja's beschlich, als sie Helena daherkommen sahen, es wohl begreiflich fanden, dass Trojaner und Griechen um dies wie eine unsterbliche Göttin anzuschauende Weib nun so lange schon Plagen erduldeten, aber sie dennoch, ‚obgleich sie so hold sei (τοίηπερ ἐοῦσ' *Il. 3, 159*),' fortzusenden bereit waren, damit ihnen und ihren Kindern nicht ferneres ‚Unheil' entspränge (ὅπερ οὖν οἱ δημογέροντες ἔπαθον πρὸς τὴν Ἑλένην τοῦτο δεῖ παθεῖν καὶ ἡμᾶς πρὸς τὴν ἡδονὴν καὶ ἐν πᾶσι τὴν ἐκείνων ἐπιλέγειν φωνήν *Eth. Nic.* 2 c. 9 p. 1109^b 9). Bei solcher Gesinnung konnte Aristoteles dem kathartischen Verfahren, das seine heilsame Kraft an der Ekstase bewährt, die allgemeinere Anwendung nicht deshalb verweigern wollen, weil es nothwendig | zugleich hedonisch ist. Vielmehr wird er den so erwachsenden Anlass gern ergriffen haben, um nun auch nach theoretischer Seite den hedonischen, eine Katharsis ermöglichenden Bestandtheil in allen Arten von Pathos an das Licht zu bringen.

Dass eine solche, in den trübsalvollsten Gemüthsbewegungen eine Beimischung von Lust erkennende Ansicht dem griechischen Dichtergeist und Volkssinn von den frühesten Zeiten her vertraut war, ist schon in einem verwandten Zusammenhange (Rhein. Mus. N. F. 8, 567)*) bemerkt und dort auch auf die Ansätze zu philosophischer Deduction hingewiesen worden, welche in der aristotelischen Rhetorik, gemäss der populären Haltung dieser Schrift, für einige Affecte von augenfälliger Mischung, z. B. für die ‚Süssigkeit' des Zornes und die ‚Wonne' der Trauer, sich darbieten. Eine tiefere und einheitlichere Begründung dieser zerstreuten Andeutungen durfte Aristoteles dem von Katharsis handelnden Abschnitt der Poetik vorbehalten, wo der Gedankenfortschritt sie unumgänglich erfordert und auch beträchtlich erleichtert. Denn dort trat ja die Ekstase an die Spitze der ganzen Entwickelung; und um das Hedonische in jedem Affect bloszulegen, brauchte Aristoteles einerseits nur wieder daran zu erinnern, dass jeder Affect, da er den Menschen ausser sich setzt, ekstatisch ist (oben S. 65) und andererseits die schon in der Rhetorik gegebene Definition der Lust ($\dot{\eta}\delta o\nu\dot{\eta}$) zu wiederholen, wonach sie auf einer plötzlichen Erschütterung und Wiedergewinnung des seelischen Gleichgewichts ($\varkappa i\nu\eta\sigma\iota\varsigma$ $\tau\tilde{\eta}\varsigma$ $\psi\nu\chi\tilde{\eta}\varsigma$ $\varkappa\alpha\grave{\iota}$ $\varkappa\alpha\tau\acute{\alpha}\sigma\tau\alpha\sigma\iota\varsigma$ $\dot{\alpha}\vartheta\varrho\acute{o}\alpha$ $\varkappa\alpha\grave{\iota}$ $\alpha\dot{\iota}\sigma\vartheta\eta\tau\dot{\eta}$ $\varepsilon\dot{\iota}\varsigma$ $\tau\dot{\eta}\nu$ $\dot{\upsilon}\pi\acute{\alpha}\varrho\chi o\upsilon\sigma\alpha\nu$ $\varphi\acute{\upsilon}\sigma\iota\nu$ Rhet. 1, 11 z. A.), also ebenfalls auf einem ekstatischen Vorgange beruht. Mithin enthält jeder Affect, mag das ihn hervorrufende Object noch so peinvoll scheinen, weil ein

---

*) [S. die folgende Abhandlung: 'Ergänzung zu Aristoteles' Poetik'.]

ekstatisches auch ein hedonisches Element, und eine Sollicitation des Affects, welche ihm sein Object so vorzuhalten versteht, dass jene ekstatische, von innen her die Persönlichkeit erweiternde und sprengende Lust das Uebergewicht gewinnt über die Gewalt des von aussen her die Persönlichkeit gleichsam zusammendrückenden und daher mit Unlust ($\lambda \acute{v} \pi \eta$) erfüllenden Objects, wird den afficirten Menschen ‚unter Lustgefühl erleichtern' ($\kappa o v \varphi \acute{\iota} \zeta \varepsilon \sigma \vartheta \alpha \iota \ \mu \varepsilon \vartheta$' $\acute{\eta} \delta o v \tilde{\eta} \varsigma$ oben S. 8 Z. 42) d. h. ihm eine Katharsis gewähren.

Nicht alle Affecte erweisen sich jedoch in demselben Grade würdig, dass die für ihr Sonderwesen passende Form der Katharsis von dem ethischen Philosophen genauer abgemessen und von dem praktischen Ethiker, d. h. nach der Auffassung des Alterthums, dem Gesetzgeber, in das Leben | und die Sitte eingeführt werde. Je singulärer das den Affect erregende Object und je abhängiger seine Erregung ist von dem besonderen Charakter und den wechselnden Verhältnissen des Einzelmenschen, desto weniger werden Philosophen und Gesetzgeber sich um ihn zu kümmern haben; ihre Fürsorge bleibt denjenigen Affecten zugewandt, die, weil sie zu dem Organismus des allgemein menschlichen Wesens gehören, an den mannigfaltigsten Objecten immer von Neuem wieder auflodern, daher in jedem normalen Menschengemüth als Affectionen (s. oben S. 23) vorhanden und jederzeit zum Ausbruche geneigt sind. Und wie derartige universale Affecte allein einen gegründeten Anspruch auf eine für sie berechnete Katharsis haben, so wird er bei ihnen auch am ehesten befriedigt werden können. Denn durch die Häufigkeit ihrer Objecte reichen sie, was die Leichtigkeit kathartischer Behandlung betrifft, fast an die Objectlosigkeit der reinen Ekstase; und wie bei dieser blos die im Weltall rege Kraft der Bewegung mittelst des rauschenden Liedes in das ekstatische Gemüth geleitet zu werden brauchte, so wird man auch, um jenen universalen Affecten eine Katharsis zu bereiten, nicht lange nach den sollicitirenden Objecten suchen dürfen; das gesellschaftliche Leben in seinem nie rastenden Umschwunge wird sie nur zu reichlich an die Hand geben.

Nun hatte, längst bevor ein Philosoph ästhetische Theorien ersann, der in den Dichtern sich aussprechende Geist des hellenischen Stammes zur Feier und Ehre des Gottes, dessen erstes Nahen die Menschheit in wirkliche Verzückung versetzte und dem daher orgiastische Ceremonien für immer geweiht blieben, eine Dichtgattung ausgebildet, welche die ursprünglich bakchantische Ekstase für den inzwischen veränderten socialen Zustand festhielt zugleich und veredelte, indem sie die Stelle des objectlos enthusiastischen Taumels ersetzte durch eine auf ekstatische Erregung universal menschlicher Affecte angelegte Darstellung der Welt- und Menschengeschicke. Nicht blos der Dichter, wenn er überdachte was er in begeisterter Stunde geschaffen hatte, auch der gewöhnliche, lediglich empfindende Zuschauer war sich auf das Bestimmteste bewusst, welche Affecte es seien, die das tragische Schauspiel errege. Ueberaus bezeichnend hierfür ist die Art wie Platon im Phädros, wo er die organische Einheit des dichterischen Kunstwerks bespricht, den stümpernden Dichterling schildert. Derselbe tritt den Sophokles und Euripides an und glaubt sich als eben|bürtigen Fachgenossen dieser Meister hinreichend zu legitimiren, wenn er sagt, ‚er verstände es nach Belieben mitleiderregende Tiraden zu verfassen und dann wiederum furchterregende und einschüchternde‘ (ὡς ἐπίσταται ῥήσεις ποιεῖν ὅταν τε βούληται οἰκτρὰς καὶ τοὐναντίον αὖ φοβερὰς καὶ ἀπειλητικάς p. 268ᶜ). Also auch dem Stümper ist nicht verborgen, dass die Tragödie es auf Mitleid absehe und auf Furcht; nur bekundet sich seine Stümperhaftigkeit darin, dass er mittelst ‚Tiraden‘ zum Ziel gelangen will, und dass er die beiden Affecte für entgegengesetzte (τοὐναντίον) ansieht, die nur nach einander Raum fänden. Wie zu diesem letzteren Punkte Platons eigene Ansicht sich verhalte, und welch andere Stellung er der Furcht zum Mitleid anwies, lässt sich aus jenen Worten nicht mit Sicherheit entscheiden; bei den vielen sonstigen Anlässen aber, wo in den späteren Dialogen auf Tragödie die Rede kommt, wird von der ‚Furcht‘ gänzlich geschwiegen und nur das ‚Mitleid‘ als tragischer Affect hervorgehoben, vielleicht weil der älter gewordene und mit der Poesie zerfallene Platon ihr nicht mehr allzu tief gehende theoretische Bemerkungen widmen mochte. Wie dem jedoch sei, jedenfalls enthält die Stelle im Phädros, gerade weil sie nicht Platons Gedanken, sondern die Empfindung des grossen Haufens ausspricht, nur ein um so untrüglicheres Zeugniss dafür, dass auch der gewöhnlichste Zuschauer sich von Furcht gleichsehr wie von Mitleid erschüttert wusste; aus dieser offenliegenden Thatsache aber das Geheimniss der tragischen Kunst herauserkannt und es, so weit dergleichen Mysterien Gemeingut werden können, durch Definition und Regeln den Denkenden zugänglich gemacht zu haben, ist das weder von Platon noch von einem anderen Philosophen vorweggenommene, eigenthümliche und unvergängliche Verdienst des Aristoteles.

Es sich zu erwerben, war ihm, ausser durch den eingeschlagenen Gedankenweg über Katharsis, noch vorzüglich durch die Einsicht erleichtert, welche er über Wesen und gegenseitige Beziehung jener beiden Affecte, unabhängig von ästhetischer Theorie, gewonnen hatte. Von vornherein mussten sie sich ihm als höchst universale und als ekstatisch hedonische, also einer besonderen Katharsis eben so würdige wie fähige Affecte darstellen. Denn da er Selbstgenügen und Selbstgenuss (αὐτάρκεια) für die höchste Vollkommenheit ansieht, die allein Gott besitzt, der Mensch immer nur erstrebt, so musste er vor allen anderen Affecten in dem Mitleid und der Furcht die zwei weitgeöffneten Thore erkennen, durch welche die | Aussenwelt auf die menschliche Persönlichkeit eindringt und der unvertilgbare, gegen die ebenmässige Geschlossenheit anstürmende Zug des pathetischen Gemüthselements sich hervorstürzt, um mit gleichempfindenden Menschen zu leiden und vor dem Wirbel der drohend fremden Dinge zu beben. Jedoch nicht diese Erkenntniss für sich, sondern erst ihre Verbindung mit der weiter dringenden, in der Rhetorik entwickelten Einsicht, dass Mitleid und Furcht innerlich verschlungen sind, und man den Andern nur wegen dessen bemitleidet, was man für sich selber fürchtet — erst dies Ineinsehen von Mitleid und Furcht befähigte den Aristoteles die Sollicitationsweise für sie zu finden, welche die wahrhaft kathartische ist und zugleich die innere Oekonomie der Tragödie so aufdeckt, wie es im dreizehnten und vierzehnten Capitel der Poetik geschieht. Die dort gegebenen Regeln zielen alle darauf ab, dass nichts im Gang der Handlung oder im Charakter der Personen jenes Ineinander von Mitleid und Furcht auflöse. Die das Mitleid erregende Person muss, wie scharf auch ihre Individualität ausgeprägt sei, doch der Urform des allgemein menschlichen Charakters nahe genug bleiben, und das Loos, welches sie trifft, muss trotz all seiner Ausserordentlichkeit doch deutlich genug aus der für das ganze Menschengeschlecht geschüttelten Schicksalsurne hervorgehen, damit der Zuschauer im Spiegel eines Wesens, das ihm gleichartig ist (ὁ ὅμοιος), sich selber erblicken und das Mitleid, welches er für das dargestellte Leid fühlt, den Reflex der Furcht in sein eigenes Innere zurückwerfen könne. Das Mitleid wird also durch seine Verschwisterung mit der Furcht vor Singularität bewahrt. Und andererseits darf die Furcht nie direct und nie durch ein Ding erregt werden, also z. B. auch nicht durch verruchte Thaten eines sittlichen Scheusals (μιαρός), die mehr für grässliche Wirkungen eines bewusstlosen Dinges als für Willensäusserungen eines bewussten Menschen gelten müssen. Denn die Furcht darf nie mit so lähmender Gewalt auf den Zuschauer eindringen, dass sie die zur Theilnahme an einem Andern nöthige Gemüthsfreiheit raubt; die Furcht darf nie das Mitleid ausstossen (ἐκκρουστικὸν τοῦ ἐλέου). Sondern der tragische Dichter darf die sachliche Furcht nur in ihrer Brechung durch das persönliche Mitleid, nur als die vom

Leid des tragischen Helden auf den Zuschauer repercutirte Ahnung hervorrufen wollen; und wenn er so das Band, welches die beiden Affecte ihrer Natur nach innerlich verknüpft, stets straff angezogen hält, wird sein Werk ihre kathartische, d. h. die ekstatisch-hedonische, Erregung von selbst herbeiführen. Denn wenn das Mitleid so universalisirt worden, dass der Zuschauer mit dem tragischen Helden zusammenfliesst, so verschwindet vor der Wonne, welche dieses Heraustreten aus dem eigenen Selbst begleitet[17]), das Gefühl der Pein, welches die bemitleidete nackte Thatsache (αὐτὸ τὸ πάθος) an sich erregen könnte, zumal da das nie ganz einschlafende Bewusstsein der Illusion jene empirische Pein ohnehin mässigt. Dagegen würde auch bei dem wachesten Bewusstsein der Illusion das direct dargestellte Furchtbare immer noch, da die Furcht kein raisonnirender Affect ist, erdrückend und peinvoll wirken; die Persönlichkeit des Zuschauers, statt in ekstatisch-hedonischer Weise sich aufzulösen, würde vor solchen Schreckbildern sich in sich selber zusammenkrümmen; und nur wenn die sachliche Furcht durch das persönliche Mitleid vermittelt ist, kann der rein kathartische Vorgang im Gemüth des Zuschauers so erfolgen, dass, nachdem im Mitleid das eigene Selbst zum Selbst der ganzen Menschheit erweitert worden, es sich den furchtbar erhabenen Gesetzen des Alls und ihrer die Menschheit umfassenden unbegreiflichen Macht von Angesicht zu Angesicht gegenüberstelle, und sich von derjenigen Art der Furcht durchdringen lasse, welche als ekstatischer Schauder vor dem All zugleich in höchster und ungetrübter Weise hedonisch ist. Denn, wie

Aristoteles in klarem Wort sagt, nicht ein erdrückendes
Fürchten (φοβεῖσθαι) soll durch die tragische Furcht bewirkt
werden, sondern ein Schaudern (φρίττειν c. 14 p. 1453ᵇ 5)*),
also die auflockernde Erschütterung, welche auch bei jeder
heftigen sinnlichen wie gemüthlichen Lust den Menschen
durchströmt.

In dem Lichte, welches sich so von der kathartischen
Theorie aus über die Regeln des dreizehnten und vierzehnten Capitels und besonders über die tragische ‚Furcht'
verbreitet, kann auch die in neuerer Zeit so vielfach angeregte Frage, wie Aristoteles doch das ‚Schicksal' in der
Tragödie habe übergehen können, an ihren richtigen Ort
gestellt werden. Die Besonneren unter den Fragestellern
beseitigten dabei das blind capriciöse ‚Schicksal,' jenes
Missgeschöpf einer verirrten Romantik, das weder in den
echten Dichterwerken vorkommt, noch einen Philosophen
zu theoretischer Behandlung reizen kann. Man verwunderte
sich nur, dass die Beziehungen der tragischen Personen
zu dem Walten des allgemeinen Weltgesetzes, welche doch
als leitend für den Fortschritt der Handlung und für die
Wahl der Charaktere | in jeder Tragödie und zumeist in
den griechischen hervortreten, von dem Philosophen mit
keinem Wort erwähnt seien. Aber wenn auch ‚Schicksal'
oder ein ähnliches Wort in der Poetik sich nicht vorfindet,
so braucht Aristoteles darum noch nicht die Sache, so-
weit diese auf die Construction der Tragödie von Einfluss

---

*) [Sophocles, Aias 694 ἔφριξ' ἔρωτι; Platon, Phaedros 251ᵃ Vgl.
Eduard Müller in Fleckeisen's Jahrbüchern für classische Philologie
Bd. 101 (1870) S. 101.]

ist, übersehen zu haben. Je mächtiger die nichtphilosophische griechische Welt bis zur Stunde ihres Unterganges von der dunklen Gewalt des Schicksals sich beherrscht fühlte, und je ergebungsvoller sie an diese hohe Schattenwand alle ihre Helle und alle ihre Schönheit anlehnte, desto emsiger hat die griechische Philosophie, seit sie sich in Demokritos und Anaxagoras der Erklärung der Einzelerscheinungen und in Sokrates der Dialektik zuwandte, dahin gestrebt, das Schicksal und die ähnlichen Worte, welche von dem Inbegriff alles Unbegriffenen stammeln, aus ihren auf das Begreifen gerichteten Erörterungen zu eliminiren und durch gleichwiegende, innerhalb des jedesmaligen Systems möglichst scharf umgrenzte Begriffe zu ersetzen. Nicht einmal in der Ethik, wo man es doch am ehesten erwarten sollte, hat Aristoteles dem Schicksal eine Stätte bereitet. Erst die Stoa, in welcher, wie so manches Andere in dieser nicht mehr rein griechischen Schule, auch der Providenzbegriff ($\pi\varrho\acute{o}voi\alpha$) vom Orient her aufzudämmern beginnt, sah sich wiederum genöthigt, eine Kehrseite der Providenz, das Schicksal ($ei\mu\alpha\varrho\mu\acute{e}v\eta$) bei philosophischen Entwickelungen zu verwenden; und erst in den philosophischen Systemen, welche der vom hellen Providenzbegriff beleuchteten Bibel an- und entgegengebaut sind, konnten die Fragen über Schicksal und die verwandten Begriffe zu der hohen Bedeutung gelangen, welche ihnen in der Geschichte des modernen Denkens zukommt. Gerade in der Poetik hat nun aber Aristoteles, um der schwankenden Natur des Stoffes das Gegengewicht zu halten, noch strenger als sonst es sich zur Pflicht gemacht, nur auf die allereinfachsten und in sich klaren Begriffe, zu welchen weder damals noch jetzt das Schicksal gehört, seine Regeln zu gründen. Diese haben dadurch ein empirisches Ansehen und für manchen an die Specereien der modernen Speculationssprache gewöhnten Leser vielleicht einen faden Geschmack bekommen; wer sich jedoch den Sinn für die züchtige Einfalt der alten Denker erhalten hat, wird bald merken, dass, nach Solgers (Schriften 2, 546) treffendem Ausdruck, alle diese empirischen Regeln unter ‚stiller ‚Voraussetzung eines höheren Grundes' entworfen sind, und schwerlich wird man das immerwährende schellenlaute Anschlagen an jenen höheren Grund, wie es die neuere Aesthetik betreibt, ihr als einen wirklichen Vorzug anrechnen dürfen. Wenigstens möchte von den endlosen Verhandlungen über das tragische Schicksal kaum eine andere nennenswerthe Frucht sich aufzeigen lassen als die Einsicht, dass der tragische Held kein Bösewicht sein, aber wohl durch eine sittliche Schuld untergehen müsse. Und eben diese Regel hat Niemand so streng und klar ausgesprochen wie Aristoteles ($\mu\varepsilon\tau\alpha\beta\acute{\alpha}\lambda\lambda\varepsilon\iota\nu$ $\dot{\varepsilon}\xi$ $\varepsilon\dot{v}\tau v\chi\acute{\iota}\alpha\varsigma$ $\varepsilon\dot{\iota}\varsigma$ $\delta v\sigma\tau v\chi\acute{\iota}\alpha\nu$ $\mu\grave{\eta}$ $\delta\iota\grave{\alpha}$ $\mu o\chi\vartheta\eta\varrho\acute{\iota}\alpha\nu$ $\dot{\alpha}\lambda\lambda\grave{\alpha}$ $\delta\iota'$ $\dot{\alpha}\mu\alpha\varrho\tau\acute{\iota}\alpha\nu$ $\mu\varepsilon\gamma\acute{\alpha}\lambda\eta\nu$ c. 13 p. 1453 a 15). Er entwickelt sie zunächst aus dem Begriff der ‚Furcht;' diese könne im Zuschauer nur durch das Leid erregt werden, von welchen er einen ihm selbst gleichartigen, nicht einen entarteten Menschen betroffen sehe ($\dot{o}$ $\varphi\acute{o}\beta o\varsigma$ $\pi\varepsilon\varrho\grave{\iota}$ $\tau\grave{o}\nu$ $\ddot{o}\mu o\iota o\nu$). Aller wahre Ertrag des ‚Schicksals' entspringt also dem Aristoteles aus dem, was er ‚Furcht' nennt; und mithin ergiebt es sich auch von dieser Seite, dass er unter der tragischen ‚Furcht' die Empfindung versteht, welche den Menschen durchbebt, wenn er sich seine Stellung zum All und dessen geheimnissvoll strafenden und lohnenden Gesetzen, ohne Rücksicht auf handelnde Thätigkeit oder begriffliche Erkenntniss, in der blossen Anschauung vergegenwärtigt. Die Tragödie und das letzte Ziel, auf welches Alles in ihr hinblickt, die tragische, vom Mitleid angefachte ‚Furcht' erschien dem Aristoteles zu moralischer Besserung oder intellectueller Aufklärung weder befähigt noch berufen; für solche Zwecke wollte er andere Mittel aufgeboten wissen; er würde Wort für Wort dem beigestimmt haben, was ein Künstler wie Goethe (oben S. 4) zu bekennen aufrichtig genug war: ‚keine Kunst vermag ‚auf Moralität zu wirken; Philosophie und Religion ver‚mögen dies allein.' Dagegen weist Aristoteles der Tragödie die gewiss nicht niedrige Aufgabe zu, dem Menschen sein Verhältniss zum All so darzustellen, dass die von dorther auf ihn drückende Empfindung, unter deren Wucht die Menge dumpf dahinwandelt, während die edleren Gemüther sich gegen dieselbe eben an Religion und Philosophie aufzurichten streben, für Augenblicke in lustvolles Schaudern ausbreche. Einem solchen ekstatischen Aufwallen kann der Philosoph eine dauernd bessernde Kraft nicht beilegen; aber er hält es doch für moralisch unverwerflich (χαρὰ ἀβλαβής); denn, von dem dichterischen Superlativ abgesehen, würde er auch dem andern Wort Goethe's beigestimmt haben: ‚Im Erstarren such' ich nicht ‚mein Heil, Das Schaudern ist der Menschheit bester Theil.'

Anmerkungen.

1. Wesentliches und Zufälliges. Dialog περὶ ποιητῶν. (Zu S. 3).

Lessing behauptet freilich (St. 77): ‚Es ist unstreitig, ‚dass Aristoteles überhaupt keine strenge logische Definition ‚von der Tragödie geben wollen. Denn ohne sich auf die ‚blos wesentlichen Eigenschaften derselben einzuschränken, hat ‚er verschiedene zufällige hineingezogen, weil sie der damalige ‚Gebrauch nothwendig gemacht hatte.‘ Aber dass Aristoteles absichtlich eine Definition, die er überdies als einen ὅρος τῆς οὐσίας ankündigt, in ungenügender Weise habe abfassen ‚wollen‘, ist doch, statt ‚unstreitig‘ zu sein, vielmehr unglaublich; und möglich bliebe nur, dass ihm sein Vorsatz, eine gute Definition zu geben, misslungen und er hier einmal, was ihm freilich selten begegnet, nicht im Stande gewesen sei, das Wesentliche vom Zufälligen zu sondern. In welchem Gliede der Definition Lessing ‚Zufälliges‘ gefunden habe, vermag ich in der That nicht zu sagen, da er ja seine, allerdings zufällige, moralische Katharsis nicht meinen kann. Alles Scenische, das Aristoteles für unwesentlich *(c. 6 extr.)* erklärt, ist von der Definition geradezu ausgeschlossen, und sogar dem Chor, der in der gewöhnlichen griechischen Vorstellung gewiss ein wesentliches Stück der Tragödie ausmachte, ist in δρώντων (vergl. *c. 18 extr.*) und den Worten χωρὶς ἑκάστῳ τῶν εἰδῶν κτλ. nur ein Raum gelassen, wo man neben vielem Anderen auch ihn unterbringen kann (s. oben S. 18), ein eigentlicher Platz jedoch ist ihm nirgends angewiesen. Wie weit Aristoteles davon entfernt ist, seine theoretischen Ansichten nach dem ‚damaligen Gebrauch' zu bemessen, lehrt schon der, freilich schadhaft und unsicher in den einzelnen Worten überlieferte, aber in seiner Gesammtmeinung hinlänglich klare und feststehende Satz: ‚die ‚Betrachtung, ob die Tragödie in ihren verschiedenen Arten ‚schon ausreichend entwickelt sei oder nicht, sowohl in Rück‚sicht auf ihr inneres Wesen als auf die theatralische Dar‚stellung, bleibt einem anderen Orte vorbehalten' τὸ μὲν οὖν ἐπισκοπεῖν εἰ ἄρα ἔχει [εἰ παρέχει codd.] ἤδη ἡ τραγῳδία τοῖς εἴδεσιν ἱκανῶς ἢ οὔ, αὐτό τε καθ' αὑτὸ κρινόμενον καὶ [κρίνεται ἢ ναὶ vel κρίνεται εἶναι codd.] πρὸς τὰ θέατρα, ἄλλος λόγος c. 4 p. 1449ᵃ 7. Obgleich nun der ‚Ort', auf den hier verwiesen wird, durch eine der bedauerlichsten Verschuldungen des Excerptors in unserer Poetik nicht zu finden ist, so zeigt doch schon die ganze Fassung der Frage, dass Aristoteles sie nicht mit einem unbedingten Ja beantwortet hatte. — Fast noch mehr als dieser ‚den damaligen Gebrauch' in Frage stellende Satz, hätte schon eine Erwägung gleich des ersten Capitels der Poetik verhindern sollen, den gangbaren griechischen Meinungen einen allzu grossen Einfluss auf Aristoteles' Ansichten zuzuschreiben. Denn in jenem Capitel emancipirt er sich sogar vom Metrum und erklärt Jeden, der im Wort ‚nachahme', | selbst wenn es in Prosa geschehe, für einen ‚Dichter', wobei ausdrücklich der Gegensatz zu den gewöhnlichen Vorstellungen und dem von ihnen beherrschten Sprachgebrauch hervorgehoben wird. Der Zusammenhang der dortigen Sätze ist durch den Ausfall Eines Wortes etwas verdunkelt, und wie noch neulich (Rh. Mus. 11, 503) Welcker bemerkte, sind die Ausleger ‚in kaum verhehlte Verlegenheit gekommen.' Sie waren meistens mit den festen formelhaften Wendungen des aristotelischen Idioms nicht vertraut genug, um die Lücke zu erkennen und auszufüllen. Ganz mit derselben Sicherheit jedoch, mit welcher man Formeln auf Inschriften ergänzt, lässt sich, wie so oft im Aristoteles, auch hier das Fehlende wiedergewinnen; und nachdem es einmal gesagt worden, wird kein im Aristoteles Belesener es bezweifeln wollen, dass dort folgendermaassen zu schreiben sei: ἡ δὲ ἐποποιία μόνον τοῖς λόγοις ψιλοῖς ἢ τοῖς μέτροις (scil. μιμεῖται), καὶ τούτοις, εἴτε μιγνῦσα μετ' ἀλλήλων, εἴθ' ἑνί τινι γένει χρωμένη τῶν μέτρων, ἀνώνυμος τυγχάνουσα μέχρι τοῦ νῦν. Das Wort ἀνώνυμος fiel aus, vielleicht weil die Abschreiber, oder gar der Excerptor selbst, seinen stehenden aristotelischen Gebrauch nicht kannten, für welchen man bei Waitz, *Organ. 1. p. 343* einige Stellen gesammelt findet, die sich allein aus den Ethiken noch um unzählige vermehren liessen. Ueberall nämlich wo der Vorrath üblicher griechischer Wörter für seine Entwickelung der Begriffe nicht ausreicht, sagt Aristoteles, das von ihm Gemeinte sei ἀνώνυμον, oder, wie es z. B. *de anima B, 7 p. 418*^{a} *27* heisst, ὃ λόγῳ μὲν ἔστιν εἰπεῖν, ἀνώνυμον δὲ τυγχάνει ὄν· ‚man kann das wohl in einem Satze ausdrücken, aber ein gangbares Wort giebt es nun einmal nicht dafür,‘ wo, wie man sieht, auch τυγχάνει gerade so gesetzt ist, wie das bisher völlig unverständliche τυγχάνουσα in der Stelle der Poetik. Dieselbe ist demnach so zu übersetzen: ‚Die Wortdichtung ‚ahmt blos in prosaischen Worten oder in Versen nach, und ‚zwar mischt sie entweder die verschiedenen Verse untereinander, oder beschränkt sich auf Eine bestimmte Versgattung; ‚jedoch ist für diesen Umfang des Begriffs in der üblichen ‚griechischen Sprache bis jetzt kein Wort vorhanden;‘ da ἐποποιία, welche Aristoteles hier, durch die Noth gedrängt, für ‚Wortdichtung‘ gebraucht, im gewöhnlichen Griechisch bekanntlich nur von hexametrischer Dichtung gesagt wird. Jetzt ergiebt sich auch ohne allen Anstoss der früher, so lange ἀνώνυμος fehlte, gar nicht zu bewerkstelligende Uebergang zu dem folgenden mit γὰρ eingeleiteten Satz: ‚denn wir sind nicht im Stande, ein griechisches Wort zu finden, welches die Mimen des Sophron und Xenarchos und die sokratischen Dialoge, und andrerseits Nachahmungen in Trimetern oder Distichen oder anderen nicht hexametrischen Versmaassen zusammenfassend bezeichne οὐδὲν γὰρ ἂν ἔχοιμεν ὀνομάσαι κοινὸν [cf. Meteor. 1, c. 9 p. 387ᵇ 2 οὐ γὰρ κεῖται ὄνομα κοινόν] τοὺς Σώφρονος καὶ Ξενάρχου μίμους καὶ τοὺς Σωκρατικοὺς λόγους, οὐδ' εἴ τις διὰ τριμέτρων ἢ ἐλεγείων ἢ τῶν ἄλλων τινῶν τῶν τοιούτων ποιοῖτο τὴν μίμησιν. Als Beispiele von ‚nachahmender' Dichtung ohne Vers dienen also erstlich die unmetrischen und blos rhythmischen Mimen des Sophron, welche sich schon durch ihren Namen als Nachahmungen kundgeben, und dann alle die völlig prosaischen Dialoge, in welchen, um mit Goethe zu reden, die ‚Maske des Sokrates' eine Rolle spielt*). Eben denselben Gedanken hatte Aristoteles ausführlicher entwickelt in der verlorenen Schrift περὶ ποιητῶν, welche nach dem Katalog bei Diogenes Laertius drei Bücher umfasste. Ein daraus erhaltenes Bruchstück, das in neuerer Zeit viel besprochen, aber noch immer unerledigt ist, lautet bei Athenäus 11 p. 505: Ἀριστοτέλης δὲ ἐν τῷ περὶ ποιητῶν οὕτως γράφει· Οὐκοῦν οὐδὲ ἐμμέτρους τοὺς καλουμένους Σώφρονος μίμους μὴ φῶμεν εἶναι λόγους καὶ μιμήσεις, ἢ τοὺς Ἀλεξαμενοῦ τοῦ Τηίου τοὺς πρώτους γραφέντας τῶν Σωκρατικῶν διαλόγων.' Nach verschiedenartigen, theilweise in Conjecturen sich äussernden, Versehen Tyrwhitt's und Hermann's (in poet. l. l.), ja sogar Valckenaer's (in Adoniaz. p. 194), hat endlich Bernhardy (Gr. Litt. 2, 910**) den allge-

---

*) [Die Nachwirkung dieses aristotelischen Gebrauchs von ἀνώνυμος in der Terminologie der byzantinischen Litteratoren bespricht Bergk in Fleckeisens Jahrbüchern für classische Philologie 117 S. 182.]

**) [Der ersten Bearbeitung vom Jahre 1845. In der dritten

meinen Sinn richtig dahin angegeben, dass jene Mimen und Dialoge, ungeachtet ihrer prosaischen Form, dem Geiste nach für Poesie zu | halten seien. Wenn Bernhardy jedoch, um diesen Sinn aus den Worten zu gewinnen, $μὴ$ glaubt zusetzen zu müssen vor $μιμήσεις$, so hat er nicht beachtet, dass die aristotelische Schrift $περὶ$ $ποιητῶν$ ein Dialog war, was die altlateinische Uebersetzung der aristotelischen Vita ausdrücklich bezeugt, auch Brandis (Aristoteles S. 83) anerkennt, und schon dieses Bruchstück allein, durch die von der sonstigen nichtdialogischen Schreibweise des Aristoteles abweichende Wendung $μὴ$ $φῶμεν$ beweisen würde. Innerhalb eines Dialogs aber giebt sie sich sogleich als den fragenden Conjunctiv zu erkennen, welcher bei Platon, wie in jeder Conversationssprache, so häufig gebraucht wird. Ohne die geringste Aenderung ergeben also jene Worte folgende in sich klare und zu dem fraglichen Satz der Poetik stimmende Uebersetzung: ‚Sollen wir ‚demnach leugnen, dass die nicht einmal metrischen, aber schon ‚durch ihren Namen als Nachahmungen auftretenden Werke des ‚Sophron oder die Dialoge des Alexamenos von Teos, die ersten ‚sokratischen, welche geschrieben wurden, Prosa und dennoch ‚Nachahmungen (mithin Dichtungen) seien?' — Wahrscheinlich in diesem Zusammenhang hatte Aristoteles auch die von Diogenes Laertius 3, §. 37 mitgetheilte Bemerkung gemacht, dass die platonischen Dialoge, obgleich an kein Metrum gebunden, doch der Poesie eben so nahe wie der Prosa ständen: $φησὶ$ $δ'$ $Ἀριστοτέλης$ $τὴν$ $τῶν$ $λόγων$ $ἰδέαν$ $αὐτοῦ$ $[τοῦ$ $Πλάτωνος]$ $μεταξὺ$ $ποιήματος$ $εἶναι$ $καὶ$ $πεζοῦ$ $λόγου$.

Schliesslich sei zu dieser Gegend meines Textes noch bemerkt, dass wenn S. 1 die Lessingsche Auffassung des ersten Theiles der Definition gebilligt wurde, darunter natürlich

---

Bearbeitung vom Jahre 1872 hat er (2, 2, 534) sich der hier empfohlenen Auffassung angeschlossen.]

nicht die argen Missverständnisse einbegriffen sind, in welche er durch die damals gangbare, jetzt längst berichtigte Lesart οἳ δι' ἀπαγγελίας ἀλλὰ δι' ἐλέου verfallen ist.

2. Goethe; Körner.
(Zu S. 4.)

Einige Auszüge aus dem Goethe-Zelterschen Briefwechsel, welche die ‚Nachlese zu Aristoteles' Poetik' betreffen, werden gewiss willkommen sein. Zelter, der keinen Anspruch auf Kenntniss des Griechischen machte, durfte mit gutem Gewissen der Auslegung Goethe's zustimmen, und er thut dies (4, 260) mit überderben, hier nicht mittheilbaren Aeusserungen seiner Freude über die Verdrängung der früheren Auffassung. Goethe selbst aber erklärt sich mit noch stärkerem Nachdruck als in dem veröffentlichten Aufsatz geschehen war, gegen die teleologische Katharsis (4, 288): ‚Die Vollendung des Kunstwerks ‚in sich selbst ist die ewige unerlässliche Forderung. Aristo-‚teles, der das Vollkommenste vor sich hatte, soll an den Ef-‚fect gedacht haben. Welch ein Jammer!' und als Raumer (Abhandlungen d. Berl. Akad. 1828 S. 137) Einspruch erhoben hattte, schreibt Goethe 29. Jan. 1830 (5, 380.): ‚Genau ‚besehen ist es nicht ein einzelner Fall über den gestritten ‚wird, sondern es stehen zwei Parteien gegen einander, zwei ‚Vorstellungsarten, die sich im Einzelnen bestreiten, weil sie ‚sich im Ganzen beseitigen möchten. Wir kämpfen für die ‚Vollkommenheit eines Kunstwerks in und an sich selbst; ‚Jene denken an dessen Wirkung nach aussen, um welche sich ‚der wahre Künstler gar nicht bekümmert, so wenig wie die ‚Natur, wenn sie einen Löwen oder einen Colibri hervorbringt. ‚Trügen wir unsre Ueberzeugung auch nur in den ‚Aristoteles hinein, so hätten wir schon recht, denn sie

‚wäre ja auch ohne ihn vollkommen richtig und probat. Wer ‚die Stelle anders auslegt, mag sich's haben.' Diese mehr psychologische als philologische Rechtfertigung findet sich noch ausführlicher in einem etwas früheren Brief (5, 354 Sylvester-Abend 1829): ‚Ich habe bemerkt, dass ich den Gedanken für ‚wahr halte, der für mich fruchtbar ist, sich an mein übriges ‚Denken anschliesst und | zugleich mich fördert; nun ist es nicht ‚allein möglich, sondern natürlich, dass sich ein solcher Ge-‚danke dem Sinn des Andern nicht anschliesse, ihn nicht för-‚dere, wohl gar hindere und so wird er ihn für falsch halten. ‚Ist man hievon recht gründlich überzeugt, so wird man nie con-‚trovertiren. . . . . . . Eine Stelle in des Aristoteles Poetik legte ‚ich aus als Bezug auf den Poeten und die Composition. Herr ‚von Raumer beharrt bei dem einmal angenommenen Sinne, ‚indem er diese Worte als von der Wirkung aufs Publicum ‚zu verstehen deutet, und daraus auch ganz gute und annehm-‚bare Folgen entwickelt. Ich aber muss bei meiner Ueberzeugung ‚bleiben, weil ich die Folgen, die mir daraus geworden, nicht ent-‚behren kann'. — Gar ergötzlich drückte Schillers Correspondent Körner seine Verwunderung über die ihm nicht mundende Katharsis aus, als er die Poetik zu lesen eben angefangen und ihre Lückenhaftigkeit noch nicht erkannt hatte (4, 33; 10. Juni 1797): ‚Die ‚so oft angeführte Reinigung der Furcht und des Mitleids durch ‚die Tragödie ist mir sonst immer anstössig gewesen; es schmeckt ‚so nach Sulzer; aber vielleicht erklärt er sich darüber in ‚der Folge auf eine befriedigende Art.'

3. *περαίνειν διά τινος.*
(Zu S. 4.)

Obgleich sie für den Kundigen überflüssig sind, wird man doch ein Paar erste beste Beispiele des Gebrauchs von *περαίνειν διά τινος* hier gerne dulden, sei es auch nur, damit die Verwunderung steige, dass Niemand in Goethe's Umgebung ihn vor dem Druck auf seinen augenfälligen Irrthum aufmerksam machte. Die Bewegungen — sagt Aristoteles *de part. anim.* 3, 4 p. 666^b 15 — gehen vom Herzen aus und kommen durch Anziehen und Nachlassen zu Stande: ἀπὸ ταύτης (τῆς καρδίας) γὰρ αἱ κινήσεις· περαίνονται δὲ διὰ τοῦ ἕλκειν καὶ ἀνιέναι. — Künste, die ihre Aufgabe blos durch das Wort ohne viel oder ohne irgendwelche Handlung bewerkstelligen, heissen bei Platon Gorg. 450 D τέχναι αἳ διὰ λόγου πᾶν περαίνουσι, καὶ ἔργου, ὡς ἔπος εἰπεῖν, ἢ οὐδενὸς προςδέονται ἢ βραχέος πάνυ. — Wie immer wo διά instrumentale Bedeutung hat, kann es auch in dieser Phrase durch den instrumentalen Dativ vertreten werden, und beide Constructionen gebraucht, aus leicht einzusehendem Grunde, Platon nebeneinander *Rep.* 3 p. 392^d ἆρ' οὖν οὐχὶ ἤτοι ἁπλῇ διηγήσει ἢ διὰ μιμήσεως γιγνομένῃ ἢ δι' ἀμφοτέρων περαίνουσιν [πάντα οἱ ποιηταί]; — Ein von Ungebildeten ominös gedeutetes Donnerwetter scheint den Erfahreneren ‚blos von der Jahreszeit herbeigeführt‘ bei Thukyd. 6, 70: τοῖς δ'ἐμπειροτέροις τὰ μὲν γιγνόμενα καὶ ὥρᾳ ἔτους περαίνεσθαι δοκεῖν κτλ.

4. Herder.
(Zu S. 7.)

Die Ausleger der Poetik von dem frühesten, dem Italiener Robortellus an (1548) bis herab auf den Engländer Twining (1789), den jüngsten vor Herder (Adrastea 2 p. 300), haben Alle sich der Reihe nach mit der Stelle der Politik, freilich nur wie mit einem todten Ballast, beladen. Herder nun will den Ballast nützlich verwenden, wirft ihn aber bald auf diese bald auf jene Seite, und macht dadurch die Verwirrung erst recht heillos. Anfänglich scheint es als solle Katharsis so

viel wie Lustration sein; ‚die Reinigung der Leidenschaften —
sagt er S. 300 — ist bei Aristoteles keine stoische sondern,
‚wie das Ende seiner Politik zeigt, eine heilige Vollendung.
‚Wie durch Sühngesänge Gemüther gereinigt, Leidenschaften
‚besänftigt, geordnet und schweigend gemacht werden, so sollte
‚dies in höhe|rem Sinn, dem Plato zuwider, durch die Tra-
‚gödie geschehen, die Aristoteles sich als eine Musik der Seele
‚dachte.' Und nun theilt er von der Stelle der Politik so viel
mit als ihm nöthig scheint, leider in einer verschwemmenden
und verwischenden Uebersetzung, die es sich z. B. erlaubt
κουφίζεσθαι μεθ' ἡδονῆς wiederzugeben, oder vielmehr un-
kenntlich zu machen, durch ‚und zwar werden die Leidenschaften besänftigt mit Anmuth.' Trotzdem kann er sich dem
rein medicinischen Eindrucke der aristotelischen Worte nicht
entziehen, und unmittelbar nachdem er jene Stelle ausge-
schrieben, ruft er, uneingedenk der frühern ‚Lustration', den
modernen Tragödienschreibern Folgendes zu: ‚Ihr tragischen
‚Aerzte, die Ihr uns statt dieser ausführenden und stillen-
‚den Tropfen Tollwurzel oder Ypekakuanha reichet, was
‚denkt Ihr zu Aristoteles? — Er hat uns kein Recept zu
‚geben. — Ich noch minder, und doch fahre ich fort.' Schade
nur, dass das ‚Fortfahren' nicht in diesem energisch pharma-
kopöetischen Tone geschieht. Die ‚ausführenden Tropfen',
welche der wahren Bedeutung von Katharsis so nahe rücken,
werden im ganzen Verlauf der Abhandlung nicht weiter gebraucht. Vielmehr wird das Hin- und Herspringen zwischen
allen denkbaren Auslegungen immer sinnverwirrender, und mir
wenigstens wollte es nicht gelingen, über die Art, wie Herder
den aristotelischen Wortlaut sich zurechtlegte, ins Klare zu
kommen.

5. Olymposlieder; Korybantiasmos; Fragment des Klearchos.
(Zu Seite 11.)

Dass Aristoteles in den Worten ἐκ δὲ τῶν ἱερῶν μελῶν ὁρῶμεν τούτους ὅταν χρήσωνται τοῖς ἐξοργιάζουσι τὴν ψυχὴν μέλεσιν κτλ. die Olymposlieder meine, ergiebt sich aus einer etwas früheren Stelle desselben Buches der Politik. Dort (*Polit. 8, 5 p. 1340ª 8*) will er den Einfluss der Musik auf den Charakter darthun und sagt: ἀλλὰ μὴν ὅτι γιγνόμεθα ποιοί τινες [τὰ ἤθη διὰ τῆς μουσικῆς] φανερὸν διὰ πολλῶν μὲν καὶ ἑτέρων, οὐχ ἥκιστα δὲ καὶ διὰ τῶν Ὀλύμπου μελῶν· ταῦτα γὰρ ὁμολογουμένως ποιεῖ τὰς ψυχὰς ἐνθουσιαστικάς, ὁ δ'ἐνθουσιασμὸς τοῦ περὶ τὴν ψυχὴν ἤθους πάθος ἐστίν, wo zugleich die Bemerkung, dass der Enthusiasmus nicht ein einfacher ‚Affect, sondern ein Affect des psychischen Charakters‘, d. h. eine dauernde Affection sei, für die Frage über πάθος und πάθημα wichtig wird; s. Anm. 9. — Die verzückende Wirkung der Olymposlieder erwähnt auch Platon in der bekannten Stelle des Gastmals (*p. 215*), wo er den Alkibiades, nach einer durch dessen Angetrunkenheit entschuldigten Verwirrung der Namen Marsyas und Olympos, sagen lässt: ἃ γὰρ Ὄλυμπος ηὔλει, Μαρσύου λέγω, τούτου διδάξαντος. τὰ οὖν ἐκείνου ἐάν τε ἀγαθὸς αὐλητὴς αὐλῇ ἐάν τε φαύλη αὐλητρίς, μόνα κατέχεσθαι (vgl. κατακώχιμοι Ar. *Pol. 8, 7 p. 1342ª 8*) ποιεῖ καὶ δηλοῖ τοὺς τῶν θεῶν τε καὶ τελετῶν δεομένους διὰ τὸ θεῖα εἶναι, welche Worte der Verfertiger des Gesprächs Minos (*p. 318 B*) ungeschickt nachspricht und den Scherz mit Marsyas für Ernst nimmt. — Auch die Phänomene, aus welchen Aristoteles seine kathartische Lehre ableitet, bespricht Platon *Legg.* 790 C — 791 B, jedoch in einer etwas äusserlichen Weise, die ihm selbst nicht ganz genügt haben mag, da er die Auseinandersetzung, welche gar nicht so kurz, jedenfalls viel länger als die aristotelische ist, mit folgenden schüchternen Worten abschliesst: καὶ ταῦτα, ὡς διὰ βραχέων γε οὕτως εἰπεῖν, πιθανὸν λόγον ἔχει τινά. Er vergleicht nämlich die Stillung der Ekstase durch rauschende Lieder mit dem Verfahren der Kinderwärterinnen, welche nicht durch Schweigen, sondern durch Singen und tänzelndes Umhertragen die Kleinen in Schlaf bringen. In beiden Fällen übertäube die äussere Erschütterung die innere Unruhe und beruhige sie so. Hier ist also einmal dasselbe psychologische Problem von Platon mechanisch und von Aristoteles dynamisch behandelt. — Aus den dortigen Worten des Platon (τὰ τῶν Κορυβάντων ἰάματα) | erhellt auch, dass die von Aristoteles unter Enthusiasmus gemeinten Erscheinungen in der gewöhnlichen Sprache unter dieselbe mythologische Bezeichnung (κορυβαντιασμός) begriffen wurden, welche alle nervösen, oder, wie man jetzt sagt, somnambulistischen und magnetischen Symptome umfasste. Es wäre wohl an der Zeit, dass ein historisch gebildeter Arzt, von einem Philologen unterstützt, das viele hierauf Bezügliche aus den klassischen Schriften sichtend zusammenstellte. Geschähe es in der Weise, die Scaliger in zwei gehaltvollen Anmerkungen (zu Catull *p. 42 ed. sec.* und zu Eusebius No. 471) und gelegentlich Welcker in den reichen Sammlungen des dritten Theiles seiner kleinen Schriften vorgezeichnet haben, so wäre damit gewiss nicht blos der Eitelkeit der Magnetiseure gedient, dass sie auch Antiquitäten bekämen, sondern auf alle Theile der alten Litteratur und Geschichte, in welchen diese ‚heiligen Krankheiten' ja eine viel grössere Rolle spielen als ihnen gottlob bis jetzt in der Neuzeit zukommt, würde die Förderung sich erstrecken. Dass Aristoteles, auch hier, wie so oft in seiner Naturforschung, an Demokrit anknüpfend, dem seelischen Helldunkel eine ganz besondere Aufmersamkeit geschenkt habe, beweisen die Bücher von der Seele, die *parva naturalia* und die Ueberreste des Dialogs Eudemos. Durch den Vorgang des Stifters der Schule ward dann dieser Gegenstand zu einem beliebten Stoffe peripatetischer Schriftstellerei, meistens unter der, durch den Gebrauch des Aristoteles fixirten, Aufschrift περὶ ἐνθουσιασμοῦ. Bekannt ist die so betitelte Schrift des Theophrast (*opp. ed. Schneid. 5 p. 193, 292* Welcker a. a. O. S. 83), welche auch auf die Heilung der Ekstase durch Musik einging. Unter den Werken des Lampsakeners Straton, des Nachfolgers des Theophrast, nennt Diogenes Laertius (5 §. 58) ebenfalls eines περὶ ἐνθουσιασμοῦ. Aber auch in Schriften andern Hauptinhalts zogen die Peripatetiker mit Vorliebe solche somnambulistische Dinge hinein. Des Pontikers Herakleides Schrift περὶ τῶν ἐν ᾅδου verbreitete sich, nach wahrscheinlicher Combination, über Scheintod und ähnliche Zustände; und nachweislich hat Klearchos aus Soli in den Büchern περὶ ὕπνου nicht blos von dem gewöhnlichen nächtlichen Schlaf gehandelt. Man kann dies freilich nicht erkennen aus dem einzigen bisher zugänglichen und wegen der darin erzählten Begegnung zwischen Aristoteles und einem Juden so vielbesprochenen Bruchstück dieses klearchischen Dialogs, welches aus des Josephus Streitschrift wider Apion bei Müller *fragment. historic. 2. p. 323* verzeichnet ist; aber es gereicht weder Müllern noch sonst Jemand zum Vorwurf, dass ein anderes, unsere psychischen Fragen berührendes und ebenfalls durch das Auftreten des Aristoteles merkwürdiges Bruchstück übersehen wurde, da es, obgleich längst gedruckt, doch wegen des abgelegenen Orts nicht veröffentlicht heissen kann. Der Prediger Alexander Morus nämlich hat zu Paris 1668 ein mit allerlei philologischem Zierrath verbrämtes Octavbändchen *Ad quaedam loca Novi Foederis Notae* erscheinen lassen und darin Mittheilungen gemacht aus dem ungedruckten Commentar des Proklos zu dem zehnten Buch von Platons Politeia; eine Handschrift desselben war ihm zu Florenz aufgestossen. Zu *Act. Apost. 20, 10* bringt nun Morus (*p. 130*) Folgendes bei:

Narrat Proclus in 10 Πολιτείας Plat. iam laudatus: Ὅτι δὲ καὶ ἐξιέναι τὴν ψυχὴν καὶ εἰςιέναι δυνατὸν εἰς τὸ σῶμα δηλοῖ καὶ ὁ παρὰ τῷ Κλεάρχῳ τῇ ψυχιουλκῷ ῥάβδῳ χρησάμενος ἐπὶ τοῦ μειρακίου τοῦ καθεύδοντος καὶ πείσας τὸν δαιμόνιον Ἀριστοτέλη, καθάπερ ὁ Κλέαρχος ἐν τοῖς Περὶ ὕπνου φησί, περὶ τῆς ψυχῆς ὡς ἀραχωρίζεται („leg. ἀναχωρίζεται‘ *Morus;* aber ἄρα χωρίζεται genügt) 5 τοῦ σώματος καὶ ὡς εἴςεισιν εἰς τὸ σῶμα καὶ ὡς χρῆται αὐτῷ οἷον καταγωγίῳ. τῇ γὰρ ῥάβδῳ πλήξας τὸν παῖδα τὴν ψυχὴν ἐξελκύσειεν καὶ οἷον ἄγων ὅτ' αὐτῆς πόρρω τοῦ σώματος ἀκίνητον ἐνέδειξε τὸ σῶμα καὶ ἀβλαβῆ σωζόμενον ἀναισθητεῖν .. πρὸς .... γραφόντων ὁμοίων ἀψύχων· ἐκείνην δὲ μεταξὺ δ᾽ἐλέγχθησαν πόρρω 10 τοῦ σώματος ἑστῶτες αὐτῆς ἀγομένην πάλιν τῆς ῥάβδου μετὰ τὴν εἴσοδον ἀπαγγέλλειν ἕκαστα· τοιγαροῦν ἐκ τούτου πιστεῦσαι τούς τε ἄλλους τῆς τοιαύτης ἱστορίας θεατὰς καὶ τὸν Ἀριστοτέλη, χωριστὴν εἶναι τοῦ σώματος τὴν ψυχήν. Vorläufig, bis Jemand die, jedoch wie man auch sonsther weiss (s. Anm. 13) | sehr fehler- und lückenhaften, Handschriften vergleicht, versuche ich das Zerrüttete von Z. 7 an so lesbar zu machen: τῇ γὰρ ῥάβδῳ πλήξας τὸν παῖδα, τὴν ψυχὴν ἐξείλκυσε καὶ οἷον ἄγων ὑπ' αὐτῆς (sc. τῆς ῥάβδου unter dem Stabe hin) πόρρω τοῦ σώματος, ἀκήρατον ἐνέδειξε τὸ σῶμα καὶ ἀβλαβὲς σωζόμενον, ἀναισθητοῦν [δὲ] πρὸς [τὰς πληγὰς τῶν] γναπτόντων ὁμοίως ἀψύχῳ· ἐκείνην (sc. τὴν ψυχήν) δὲ μεταξὺ ἐνεχθῆναι πόρρω τοῦ σώματος, ἑτέρωσε δ᾽αὐτὴν ἀγομένην πάλιν [ὑπὸ] τῆς ῥάβδου μετὰ τὴν εἴσοδον ἀπαγγέλλειν ἕκαστα κτλ. Die vorhandenen aristotelischen Schriften lassen bekanntlich (s. Brandis, Aristoteles S. 1095, 67) die Möglichkeit offen, dass, wenn gleich nicht die Seele, so doch der Geist (νοῦς) vom Leibe trennbar sei; jedoch wird jeder Besonnene, auch ungewarnt, sich bedenken, bevor er die auf dem Wege des **magnetischen Experiments** erfolgte Bekehrung des Aristoteles zu einer festen Ansicht über diesen Punkt blos auf Treu und Glauben des Klearchos annimmt. Jedenfalls aber ist die ganze Situation — *il maestro di color che sanno* [*Dante, Inferno 4, 131*]

neben einem mit dem Stabe manipulirenden Magnetiseur —
auch als Fiction noch immer interessant genug; und dieses
Bruchstück des klearchischen Dialogs war schon deshalb werth
hervorgezogen zu werden, weil einer der vielen, alle gleich-
sehr grundlosen, Gründe, welche Jonsius (*de script. hist. phil.
1 c. 18*) gegen die Echtheit des andern, weit wichtigeren
Bruchstücks bei Josephus vorbringt, davon hergenommen ist,
dass Spuren einer klearchischen Schrift περὶ ὕπνου nirgends
als bei Josephus zu entdecken seien. [Vgl. Theophrastos'
Schrift über Frömmigkeit S. 187 Anm. 37.]

6. κάθαρσις. Reiz.

(Zu S. 12.)

Für κάθαρσις in der unbestrittenen und so häufigen Bedeutung ‚Lustration‘ bedarf es wohl nicht vieler Belege. Kommt
es doch in der Poetik selbst (*c. 17 p. 1455^b 15*) so vor, wo
von der Sühnung des Bildes der taurischen Artemis (*Eurip.
Iph. Taur. 1153 ss.*) die Rede ist: οἷον ἐν τῷ Ὀρέστῃ ἡ μανία
δι' ἧς ἐλήφθη καὶ ἡ σωτηρία διὰ τῆς καθάρσεως. — Aus den
nicht minder häufigen Beispielen der medicinischen Bedeutung
wähle ich solche, welche zugleich die Construction mit dem
Genetiv des ausgestossenen Stoffes (oben S. 22) belegen. Bei
Thukydides in der Beschreibung der Pest 2, 49 heisst es:
ἀποκαθάρσεις χολῆς πᾶσαι ὅσαι ὑπὸ ἰατρῶν ὠνομασμέναι εἰσὶν
ἐπῄεσαν; bei Hippokrates *de aer. aq. §. 20. ed. Coray*: αἱ γὰρ
καθάρσιες οὐκ ἐπιγίγνονται τῶν ἐπιμηνίων ἐπιτήδεαι; bei Aristoteles *hist. anim. 6 c. 18 p. 572^b 29* καθάρσεις δὲ γίνονται
μὲν καταμηνίων coll. *de gener. anim. 3 c. 1 p. 750^b 5, 12*,
wo der technische Terminus κάθαρσις ersetzt wird durch ἀπό-

κρίσις τῶν καταμηνίων. — Gegen die, begrifflich ja vollkommen richtige, unmittelbare Beziehung der medicinischen κάθαρσις auf die ‚gereinigte' Person, scheint sich der Sprachgebrauch gesträubt zu haben, wohl weil diese Wendung schon allzu fest von der ‚Lustration' in Beschlag genommen war. Unter anderen Sprachverdrehungen wird einem Sophisten bei Athenäus 3. p. 99 auch dies vorgeworfen: ὁ δ'ὀνοματοθήρας οὗτος σοφιστὴς ἀκάθαρτον ἔφη γυναῖκα, ἧς ἐπεσχημένα ἦν τὰ γυναικεῖα. — Das S. 12 erwähnte Büchlein von Reiz ist ohne Nennung seines Namens mit folgendem Titelblatt erschienen: Ἐκ τῶν Ἀριστοτέλους Πολιτικῶν Περὶ τῆς πόλεως μακαρίας (sic). Περὶ τοῦ ἄρχειν καὶ ἄρχεσθαι. Περὶ τῶν τῆς πόλεως ἀρετῶν. Περὶ τῆς γαμικῆς ὁμιλίας. Περὶ τῆς τῶν παίδων ἀγωγῆς καὶ παιδείας. Cum Annotatione Critica. Lipsiae. Apud Jacobaeerum CIƆIƆCCLXXVI 8. Er hatte sich zu einer so weitläufigen Betitelung entschliessen müssen, eben weil er die gewöhnliche Bezeichnung ‚Buch 7, 8' für falsch hielt, was auch in der Vorrede ausdrücklich gesagt ist, die richtige ‚Buch 4, 5' dagegen unverständlich gewesen wäre. Da dieses vortreffliche Werkchen des vortrefflichen Mannes, wahrscheinlich in Folge der Anonymität, eine sehr geringe Verbreitung gefunden hat, so schreibe ich die Worte aus, in welchen er sich gegen die Lambinische Lustration erklärt (p. 104): *Lambinus κάθαρσιν vertit lustrationem seu expiationem. Sane Graeci κάθαρσιν dicunt non modo curationem et sanationem sed etiam expiationem et lustrationem. Sed expiari et lustrari dicuntur ii duntaxat, qui polluti sunt aliquo scelere, tum qui mysteriis initiandi, aut qui rem sacram facturi sunt; non etiam ii quorum animus ab aliqua perturbatione tanquam morbo purgatur et liberatur. De his autem loquitur Aristoteles, non de illis.*

7. Lambin; Heinsius; Milton.
(Zu S. 12.)

Lambin giebt den Aristotelischen Satz, in dem zuerst Katharsis vorkommt, *Polit.* 8, 6 p. *1341ª 21 ἔτι δ'οὐκ ἔστιν ὁ αὐλὸς ἠθικόν, ἀλλὰ μᾶλλον ὀργιαστικόν, ὥστε πρὸς τοὺς τοιούτους αὐτῷ καιροὺς χρηστέον, ἐν οἷς ἡ θεωρία κάθαρσιν μᾶλλον δύναται ἢ μάθησιν* so wieder: *praeterea tibia non est organum ad mores mitiores exprimendos aut inserendos aptum (ethicum Graeci appellant, nos morale dicamus), sed potius ad animos furore quodam Bacchico stimulandos accommodatum; quare talibus temporibus eo utendum est, quibus eius usus valet ad animos expiandos potius ac lustrandos seu purgandos quam ad erudiendos.* Und dieselbe Umschreibung gebraucht er, wo im weiteren Verlauf das Wort bei Aristoteles eintritt. Nur einmal sieht er sich durch die Natur der Sache gezwungen, seine Sühnungs-Synonyma fallen zu lassen; die für unsere Auffassung entscheidenden Worte *ὥσπερ ἰατρείας τυχόντας καὶ καθάρσεως* kann auch er nicht anders als so übersetzen: *perinde quasi curationem et purgationem consecuti sint.* — Wohl von Lambin verleitet, hat Daniel Heinsius in seiner Ausgabe der Poetik LB., 1611, einem seiner frühen und unreifsten Produkte, die Schlussworte der Definition übersetzt *per misericordiam et metum inducat similium perturbationum expiationem* und in der angehängten Abhandlung *de tragoediae constitutione p. 21* identificirt er ohne Weiteres die aristotelische Katharsis mit der neuplatonischen ersten Stufe der Askese. Heinsius hatte in seinen unglücklichen Stunden ein arges Talent, verwickelte Probleme gerade nach derjenigen Seite zu zerren, wo die Fäden sich am unentwirrbarsten verknoten müssen. — Erfreulicher ist es zu sehen, wie ein Zeitgenosse des Heinsius, aber ein Denker von ganz anderer Selbstständigkeit und ein echter Dichter, sich zu der vorliegenden Frage verhält. Milton hat dem, wenige Jahre vor seinem Tode erschienenen, Samson Agonistes die aristotelische Definition der Tragödie als Motto vorgesetzt, und die beigefügte lateinische Uebersetzung lautet freilich: *per misericordiam et metum perficiens talium affectuum lustrationem.* Wahrscheinlich ist dies jedoch Schuld eines Dritten, welchem der längst erblindete Dichter die Anordnung des Titelblattes übertragen hatte. Denn in der Vorrede zu jenem biblisch-klassischen Drama, wo er den Werth tragischer Dichtung gegen das Verdammungsurtheil seiner puritanischen Parteiverwandten verficht, fast Milton die Katharsis keineswegs als ‚Lustration‘, vielmehr sagt er: *Tragedy is said by Aristotle to be of power, by raising pity and fear, or terror, to purge the mind of those and such like passions, that is to temper and reduce them to just measure with a kind of delight, stirred up by reading or seeing those passions well imitated. Nor is Nature wanting in her own effects to make good his assertion: for so in physic things of melancholic hue and quality are used against melancholy, sour against sour, salt to remove salt humors.* Das homöopathische Gleichniss zeigt, wie nahe er dem Richtigen war. |

8. Aristoteles als Arzt.

(Zu S. 15.)

Obgleich die medicinische Richtung des Aristoteles hinlänglich durch seinen Studiengang und den Ton seiner Schriften bezeugt ist, so habe ich doch auch die biographische Notiz von einem medicinischen Prakticiren, da ich sie für richtig halte, nicht verschweigen mögen. Von einem eifrigen Peripatetiker wie Aristokles, der zu einer Zeit schrieb als schon der volle Heiligenschein eines Schulstifters den Aristoteles umstrahlte, ist es begreiflich, dass er die Nachricht, welche Epikur über die ärztliche Thätigkeit desselben gegeben hatte, mit einer unwilligen Exclamation blos deshalb verwirft, weil der Berichterstatter eben Epikur ist, und weil er in einem feindseligen Tone berichtet. Des Aristokles Worte lauten bei Eusebios *Praep. evang. 15, 2 p. 791ᵃ* πῶς γὰρ οἷόν τε, καθάπερ φησὶν Ἐπίκουρος ἐν τῇ περὶ τῶν ἐπιτηδευμάτων ἐπιστολῇ, νέον μὲν ὄντα καταφαγεῖν αὐτὸν τὴν πατρῴαν οὐσίαν, ἔπειτα δὲ ἐπὶ τὸ στρατεύεσθαι συνῶσαι, κακῶς δὲ πράττοντα ἐν τούτοις ἐπὶ τὸ φαρμακοπωλεῖν ἐλθεῖν, ἔπειτα ἀναπεπταμένου τοῦ Πλάτωνος περιπάτου πᾶσιν παραβαλεῖν αὐτόν, und bis auf geringfügige stilistische Abweichungen gleichlautend findet sich dasselbe Citat aus derselben Schrift des Epikur ‚über Lebensweisen‘ bei Athenäus 7, 354, und ohne Angabe des Titels der Schrift bei Diogenes Laertius 10, §. 8. Nun ist freilich das Pragmatisiren der Mythen aus sagenhafter Zeit mit Recht verrufen; aber um das Pragmatisiren gegnerischer Berichte über Personen aus der hellen Geschichte steht es doch wesentlich anders, zumal wenn die Berichterstatter Zeitgenossen sind und das Verleumderische lediglich in der Färbung des Vortrags beruht. Als Aristoteles starb, war Epikur zwanzig Jahre alt; die längste Zeit seines Lebens wohnte und schrieb er zu Athen, wo die Schüler des Aristoteles in grosser Anzahl und dessen nächste Freunde, die von seinen Verhältnissen die genaueste Kunde haben mussten, in hohem Ansehen lebten. Obgleich mit geschmacklosen Schimpfwörtern gegen philosophische Vorgänger und Widersacher sehr freigebig, ist doch Epikur auf eigentliche Lügen bisher nicht ertappt worden; hier erzählt er, wahrscheinlich um dem Aristoteles eine abspringende Unstätigkeit des Entwickelungsganges vorzuwerfen, ‚er habe sein väterliches Vermögen durchgebracht, sich dann unter die Soldaten begeben, dann auf die Quacksalberei verlegt, und als es auch damit nicht fort wollte, habe er sich, nicht als bevorzugter Schüler, sondern als Einer unter dem grossen Haufen in die Lehrhalle Platons eingedrängt.' Streift man davon das böswillige Colorit ab, so bleibt in den nackten Thatsachen, da dann das ‚Durchbringen' in einen einfachen Verlust des väterlichen Vermögens übergeht, nichts zurück, was den Charakter des Aristoteles hätte antasten und die Mühe des Erlügens belohnen können. Vielmehr, wie des Aristoteles Eintritt in Platons Schule darum nicht aufhört geschichtlich wahr zu sein, weil Epikur ihn in möglichst unehrenvoller Weise vor sich gehen lassen will, so wird man auch die übrigen Theile des epikurischen Berichts wegen ihres misswollenden Tones nicht gleich gänzlich verwerfen dürfen, da sie sich mit dem Wenigen, was wir sonst über Aristoteles' Jugendzeit wissen, recht wohl vertragen. Auf eine gewisse Unregelmässigkeit in seinen Familienverhältnissen lässt schon der Umstand schliessen, dass der bei dem Tode des Vaters noch nicht herangewachsene Knabe weder in seiner Geburtsstadt Stagira, noch zu Pella, wo der Vater als königlicher Leibarzt sich aufgehalten hatte, sondern zu Atarneus unter der Pflege eines auch in Aristoteles' Testament dankbar erwähnten Proxenos erzogen wurde. Atarneus aber war damals ein wichtiger Posten für die leitenden griechischen Staaten zu Unternehmungen gegen den Perserkönig; von da aus wurden die aufständischen Satrapen unterstützt. Deutlicher als früher übersieht man jetzt die dortigen Zustände durch Böckh's Abhandlung ‚Hermias von Atarneus und Bündniss desselben mit den Erythräern' (Abhd. d. Berl. Akad. 1853; kl. Schriften 6, 185), welche|auch für viele Punkte der aristotelischen Biographie geräuschlos aufräumt und aufklärt. Gleichwie nun später Aristoteles in die Pläne des Eubulos und dessen Nachfolgers Hermias verwickelt war, hat es auch nichts Auffallendes, dass er während seines ersten Jugendaufenthaltes zu Atarneus an einem der von dort ausgehenden militärischen Streifzüge theilgenommen, und dies dann von bösen Zungen als ein *militatum abire* in terenzischem Sinne gedeutet wurde. Noch weniger befremdend aber ist es, dass Aristoteles den Aufenthalt in einer grossen Stadt wie Athen dazu benutzte, um seine medicinischen Kenntnisse praktisch zu vervollkommenen, sei es vor oder auch während seines Umgangs mit Platon, sei es zu rein wissenschaftlichen Zwecken oder auch um sich eine behaglichere Lebensstellung zu sichern. Und so überwältigend gross braucht sein Ruhm als praktischer Arzt nicht gerade gewesen zu sein, dass Epikur ihn nicht in abschätziger Weise einen Quacksalber hätte schelten dürfen. Wie fest das Bild des Aristoteles als Arzt in der Tradition haftete, zeigt sich darin dass, um von den hierauf bezüglichen Schmähungen des Timäus zu schweigen, noch Plutarch, der ja keinesweges dem Aristoteles abhold ist, das Doctern (φιλιατρεῖν), womit Alexander, wie so mancher andere grosse Herr, seine Umgebung belästigte, auf den Einfluss des Aristoteles zurückführt (*Vit. Alex. c. 8*). Von geringem Gewicht ist dagegen das Schweigen des Megarikers Eubulides und des Isokrateers Kephisodoros, auf welches hin Athenäus, ‚da sie ja ganze Bücher gegen Aristoteles geschrieben und doch nichts dergleichen zu sagen gewagt hätten', den Bericht des Epikur in allen Stücken glaubt beseitigen zu dürfen. Denn was den Verlust des väterlichen Vermögens angeht, so hat wenigstens Kephisodoros die verleumderische Consequenz, welche sich daraus ziehen liess und welche nach der Version bei Diogenes Laertius auch Epikur ausdrücklich gezogen hatte (καὶ Ἀριστοτέλην ἄσωτον ἐκάλει, ὃν καταφαγόντα τὴν πατρῴαν οὐσίαν κτλ.), nämlich Ueppigkeit und Verschwendung, allerdings dem Aristoteles vorgeworfen, wie sich aus Aristokles' Worten ergiebt: Ἠλίθια δὲ διαβέβληκεν αὐτὸν καὶ Κηφισόδωρος ὁ Ἰσοκράτους μαθητὴς τρυφερὸν καὶ τένθην καὶ ἄλλα τὰ τοιαῦτα λέγων αὐτὸν εἶναι. Und die beiden anderen an sich ja so unverfänglichen Facta, die Theilnahme an einem Feldzug und die medicinische Praxis, erst verleumderisch auszustaffiren, mag jenen Feinden des Aristoteles allzu umständlich erschienen sein, da sie ohnehin ihre Schmähsucht auf dem viel directeren Wege befriedigten, welchen die Angaben bei Aristokles erkennen lassen.

9. πάθος; πάθημα.
(Zu S. 22.)

Nur für den behaupteten ‚gegenseitigen' Unterschied zwischen πάθος und πάθημα bringe ich hier die Beweise bei; die mannigfachen Bezüge von πάθος zu seinen vielen anderen Correlaten in der peripatetischen Terminologie genau festzustellen, ist freilich eine noch nicht gelöste und sehr belohnende Aufgabe, würde aber von unserem Gegenstand viel zu weit abführen. — Dass nun ‚passive Qualität', entsprechend dem mehr activen ‚Habitus (ἕξις)' und unterschieden von der vorübergehenden ‚Passion' einer der Grundbegriffe sei, mit welchen Aristoteles überhaupt operirt, beweist der ausführliche Abschnitt im achten Capitel der Kategorien (p. 9ᵃ 28—10ᵃ 10), welcher gleich in seinen Anfangsworten τρίτον δὲ γένος ποιότητος παθητικαὶ ποιότητες καὶ πάθος zeigt, dass πάθος nicht die dauernde passive Eigenschaft bezeichne. Wo im Verlauf des Abschnitts für das Gebiet der Naturdinge die παθητικὴ ποιότης beschrieben werden soll, treten immer zu πάθος noch besondere Adjective, welche das dauernde Inhäriren auf das Nachdrücklichste betonen, z. B. p. 9ᵇ 19 ὅσα μὲν οὖν τῶν τοιούτων συμπτωμάτων ἀπό τινων παθῶν δυσκινήτων καὶ παραμονίμων τὴν ἀρχὴν εἴληφε, ποιότητες λέγονται,| und die Schlussworte des Abschnitts entwickeln denselben Unterschied für das psychologische Gebiet in so allseitiger und unzweideutiger Weise, dass sie, trotz ihrer Ausführlichkeit, hier Aufnahme finden müssen, p. 9ᵇ 34: ὁμοίως δὲ τούτοις καὶ κατὰ τὴν ψυχὴν παθητικαὶ ποιότητες καὶ πάθη λέγεται· ὅσα τε γὰρ ἐν τῇ γενέσει εὐθὺς ἀπό τινων παθῶν (eine grosse Anzahl von Handschriften fügt auch hier δυσκινήτων hinzu, der Sache nach richtig, aber sprachlich, da hier ἐν τῇ γενέσει danebensteht, nicht gerade nothwendig) γεγένηται, ποιότητες λέγονται, οἷον ἥ τε μανικὴ ἔκστασις καὶ ἡ ὀργὴ καὶ τὰ (ὅσα?) τοιαῦτα· ποιοὶ γὰρ κατὰ ταύτας λέγονται, ὀργίλοι τε καὶ μανικοί. ὁμοίως δὲ καὶ ὅσαι ἐκστάσεις (auch dieser Gebrauch von ἔκστασις in der allgemeinen Bedeutung ‚leidenschaftliche Erregung' ist für das oben S. 65 Ausgeführte beachtenswerth) μὴ φυσικαὶ ἀλλ' ἀπό τινων ἄλλων συμπτωμάτων γεγένηνται δυσαπάλλακτοι ἢ καὶ ὅλως ἀκίνητοι, ποιότητες καὶ τὰ τοιαῦτα· ποιοὶ γὰρ κατὰ ταύτας λέγονται. ὅσα δὲ ἀπὸ ταχὺ ἀποκαθισταμένων (‚von schnell Vorübergehendem') γίνεται, πάθη λέγεται, οἷον εἰ λυπούμενός τις ὀργιλώτερός ἐστιν (‚wie wenn Jemand, dem Unangenehmes begegnet, ärgerlich wird'). οὐ γὰρ λέγεται ὀργίλος ὁ ἐν τῷ τοιούτῳ πάθει ὀργιλώτερος ὤν, ἀλλὰ μᾶλλον πεπονθέναι τι (‚denn von einem bei solchem Begegniss Aergerlichen sagt man nicht gleich, er sei eine zornige Natur, sondern vielmehr, es sei ihm etwas begegnet'). ὥστε πάθη μὲν λέγεται τὰ τοιαῦτα, ποιότητες δ' οὔ. Dasselbe nun was hier, im Gegensatz zu dem vorübergehenden πάθος, durch παθητικὴ ποιότης umschrieben ist, heisst in der Anm. 5 S. 88 erwähnten Stelle der Politik, mit einer ebenso kurzen und in dem dortigen Zusammenhang ebenso klaren Umschreibung, πάθος ἤθους. Aber ein fundamentaler Begriff wie diese παθητικὴ ποιότης musste auch oft berührt werden, wo Umschreibungen stilistisch störend gewesen wären, und in solchen Fällen tritt dann πάθημα dafür ein. Von den regelmässig wiederkehrenden Veränderungen der Himmelskörper heisst es *Metaphys. 1, 2, 982^b 16* οἷον περὶ τῶν τῆς σελήνης παθημάτων καὶ τῶν περὶ τὸν ἥλιον καὶ ἄστρα. Der Abschnitt über Physiognomik, wo es sich ja nur um die eingewurzelte Affection handeln kann, beginnt *Anal. prior. extr. p. 70^b 7*: τὸ δὲ φυσιογνωμεῖν δυνατόν ἐστιν, εἴ τις δίδωσιν ἅμα μεταβάλλειν τὸ σῶμα καὶ τὴν ψυχήν, ὅσα φυσικά ἐστι παθήματα, und wenn weiterhin πάθος gebraucht wird, tritt immer ἴδιον hinzu. Zu Anfang des ersten Buches von der Seele, wo die Untrennbarkeit oder Trennbarkeit der Seele vom Körper besprochen wird, heisst es p. 403ᵃ 10: εἰ μὲν οὖν ἐστί τι τῶν τῆς ψυχῆς ἔργων ἢ παθημάτων ἴδιον, ἐνδέχοιτ' ἂν αὐτὴν χωρίζεσθαι; wie ἔργα hier die festen und dauernden Thätigkeiten sind, so müssen παθήματα entsprechend die ebenso festen und dauernden passiven Eigenschaften und Affectionen sein. — Wer die Bedeutung der Parallelstellen, besonders für Ermittlung des aristotelischen Sprachgebrauchs, kennen gelernt hat, wird auch die Beweiskraft des folgenden Stellenpaares höher anschlagen, als die einer viel zahlreicheren Sammlung von Einzelstellen. Zu Anfang des neunten Buches der Thiergeschichte wird die Aehnlichkeit zwischen den Eigenschaften der langlebigen Thiere und denen der Menschen hervorgehoben p. 608ᵃ 13 φαίνονται γὰρ ἔχοντά [τὰ ζῷα] τινα δύναμιν περὶ ἕκαστον τῶν τῆς ψυχῆς παθημάτων φυσικήν, περί τε φρόνησιν καὶ εὐήθειαν καὶ ἀνδρίαν καὶ δειλίαν, περί τε πρᾳότητα καὶ χαλεπότητα καὶ τὰς ἄλλας τὰς τοιαύτας ἕξεις und derselbe Gedanke wird zu Anfang des achten Buches p. 588ᵃ 18 so ausgedrückt: ἔνεστα γὰρ ἐν τοῖς πλείστοις καὶ τῶν ἄλλων ζῴων ἴχνη τῶν περὶ τὴν ψυχὴν τρόπων, ἅπερ ἐπὶ τῶν ἀνθρώπων ἔχει φανερωτέρας τὰς διαφοράς· καὶ γὰρ ἡμερότης καὶ ἀγριότης καὶ πρᾳότης καὶ χαλεπότης καὶ ἀνδρία καὶ δειλία καὶ φόβοι καὶ θάρρη καὶ θυμοὶ καὶ πανουργίαι καὶ τῆς περὶ τὴν διάνοιαν συνέσεως ἔνεισιν ἐν πολλοῖς αὐτῶν ὁμοιότητες. Was also das eine Mal ψυχῆς τρόποι, heisst das andere Mal ψυχῆς παθήματα, und beide Mal zeigen die speciellen Beispiele, dass von dauernden Eigenthümlichkeiten, Zahmheit, Wildheit u. s. w., nicht von vorübergehenden Affecten die Rede ist; ja, in der zweiten Stelle, wo noch Furcht, Zorn u. s. w. aufgeführt sind, tritt, weil man bei φόβος, θυμός zunächst an den einmaligen Affect denkt, der Plural φόβοι, θυμοί | ein, eben um das häufige Wiederkehren recht deutlich zu machen. — Endlich stehe hier noch die etwas verschriebene, aber aus sich selbst leicht zu verbessernde Stelle *Eth. Eudem. 2 c. 2 p. 1220^b 6: λεκτέον δὴ κατὰ τί τῆς ψυχῆς ποῖ᾽ ἄττα ἤθη* („nach welcher Seelenbeziehung die Unterschiede der Charaktere eintreten"). *ἔσται δὲ κατά τε τὰς δυνάμεις τῶν παθημάτων, καθ᾽ ἃς παθητικοὶ λέγονται* (s. oben S. 23) *καὶ κατὰ τὰς ἕξεις, καθ᾽ ἃς πρὸς τὰ πάθη ταῦτα λέγονται τῷ πάσχειν πῶς ἢ ἀπαθεῖς εἶναι. μετὰ ταῦτα ἡ διαίρεσις ἐν τοῖς ἀπηλλαγμένοις τῶν παθημάτων καὶ τῶν δυνάμεων* (schreibe: *ἐν τοῖς ἐπηλλαγμένοις τῶν παθηματικῶν δυνάμεων* „der Eintheilungsgrund für die Charakterverschiedenheiten liegt sodann in den wechselnden Nüancen der affectionalen Eigenschaften") *καὶ τῶν ἕξεων· λέγω δὲ πάθη μὲν τὰ τοιαῦτα, θυμὸν φόβον αἰδῶ ἐπιθυμίαν, ὅλως οἷς ἕπεται ὡς ἐπὶ τὸ πολὺ ἡ αἰσθητικὴ ἡδονὴ ἢ λύπη καθ᾽ αὑτά· καὶ κατὰ μὲν ταῦτα οὐκ ἔστι ποιότης ἀλλὰ πάσχει, κατὰ δὲ τὰς δυνάμεις ποιότης. λέγω δὲ τὰς δυνάμεις καθ᾽ ἃς λέγονται κατὰ τὰ πάθη οἱ ἐνεργοῦντες, οἷον ὀργίλος ἀνάλγητος ἐρωτικὸς αἰσχυντηλὸς ἀναίσχυντος.* Gleichen Inhaltes und, was die Erläuterung von *πάθη* angeht, auch fast gleichlautend ist die Stelle in der Nikomachischen Ethik 2 *c. 4 p. 1105^b 19;* nur heissen dort die *παθηματικαὶ δυνάμεις* der Eudemien einfach *δυνάμεις*, wenigstens in unseren Handschriften. — Auch in Platons Philebos, wo auf den ersten Blick die willkürlichste Abwechselung zwischen *πάθη* und *παθήματα* zu herrschen scheint, wird man bei näherem Eingehen die Wahl des Schriftstellers meistens bestimmt finden durch die Rücksicht auf die verfliegende oder verweilende Natur der bezüglichen Zustände. — Bezeichnend ist dafür noch ein Stellenpaar aus dem Phädon. Von den Mässigen, die es nicht aus innerer Ueberzeugung, sondern nur aus Furcht vor den nachtheiligen Folgen der Unmässigkeit sind, heisst es *p. 68 E: ἀκολασίᾳ τινὶ σώφρονές εἰσι; καίτοι φαμέν γέ που ἀδύνατον εἶναι, ἀλλ᾽ ὅμως αὐτοῖς συμβαίνει τούτῳ ὅμοιον εἶναι τὸ πάθος τὸ περὶ ταύτην τὴν εὐήθη σωφροσύνην· φοβούμενοι γὰρ ἑτέρων ἡδονῶν στερηθῆναι* καὶ ἐπιθυμοῦντες ἐκείνων, ἄλλων ἀπέχονται ὑπ' ἄλλων κρατούμενοι. Weil also hier die σωφροσύνη nicht fest begründet ist, kann sie nur ein πάθος genannt werden. Dagegen wo die Seele als ideal erkennende geschildert wird, heisst es *p. 79 D: ὅταν δέ γε αὐτὴ καθ' αὑτὴν σκοπῇ, ἐκεῖσε οἴχεται εἰς τὸ καθαρόν τε καὶ ἀεὶ ὂν καὶ ἀθάνατον καὶ ὡσαύτως ἔχον, καὶ ὡς συγγενὴς οὖσα α'τοῦ ἀεὶ μετ' ἐκείνου τε γίγνεται, ὅτανπερ αὐτὴ καθ' αὑτὴν γένηται καὶ ἐξῇ αὐτῇ, καὶ πέπαυταί τε τοῦ πλάνου καὶ περὶ ἐκεῖνα ἀεὶ κατὰ ταὐτὰ ὡσαύτως ἔχει, ἅτε τοιούτων ἐφαπτομένη· καὶ τοῦτο αὐτῆς τὸ πάθημα φρόνησις κέκληται;* ein πάθημα ist dies ideale Erkennen, weil die dazu befähigte Seele nicht ein und das andere Mal, sondern ‚immer wann sie es vermag (*ἀεὶ ὅτανπερ ἐξῇ αὐτῇ*)‛ sich in dasselbe versetzt. — Diese platonischen Stellen zeugen um so klarer, da in ihnen durch eine eigenthümliche Freiheit des Wortgebrauchs der Begriff des ‚Affects‛ zurückgedrängt ist und blos der des ‚Zustandes‛ hervortritt.

10. ὁ τοιοῦτος.
(Zu S. 28.)

Je füglicher das gesammte aristotelische Corpus als Beleg für die aufgestellten Sätze über den Gebrauch von ὁ τοιοῦτος angeführt werden könnte, desto zweckmässiger wird sich die Auswahl einzelner Stellen auf die unserer Hauptuntersuchung allernächst liegenden Stücke, nämlich auf die Poetik und den oben S. 7 übersetzten Abschnitt der Politik, beschränken; der einsichtige Leser macht dann von selbst den Schluss, wie durchstehend ein Sprachgebrauch sein müsse, von welchem zwei so kleine und so rein nach Belieben herausgegriffene Stücke gleich so zahlreiche Beispiele aufweisen. — Wie nun Aristoteles spricht, wenn er wirklich ein Etcetera ausdrücken will, zeigt *poetic. c. 19 p. 1456ª 38*, wo gerade auch von den zwei in der Definition vorkommenden Affecten die Rede ist: παρασκευάζειν οἷον ἔλεον ἢ φόβον ἢ ὀργὴν καὶ ὅσα τοιαῦτα. Dagegen c. 11 p. 1452ᵃ 38 ist ἡ τοιαύτη ἀναγνώρισις nur eine einzige Form der Anagnorisis, nämlich die zugleich eine Peripetie enthaltende, dieselbe, welche in der vorhergehenden Zeile ἡ εἰρημένη ἀναγνώρισις hiess; und in der That würde man auch im Deutschen, wofern das rein demonstrative ‚solcher' noch nicht alle Missverständnisse beseitigen sollte, für ὁ τοιοῦτος in diesem Sinne die freilich von unangenehmem Kanzleiduft inficirte Wendung ‚der besagte' sich gefallen lassen müssen. Zwei Zeilen darauf sind unter ἐπὶ τῶν τοιούτων ebenfalls nur Darstellungen dieser einzigen Art von Anagnorisis gemeint; ferner c. 16 extr. αἱ γὰρ τοιαῦται [ἀναγνωρίσεις] μόναι, blos die eben genannten, ἐξ αὐτῶν τῶν πραγμάτων erfolgenden. Eine Reihe anderer, allein von dem 13. und 14. Capitel gelieferter Beispiele geben ihre Beweiskraft Jedem, der sie im Zusammenhange nachliest, ohne Weiteres kund: 1453ᵃ 3 ἡ τοιαύτη σύστασις; 28 τραγικώταται αἱ τοιαῦται; b 16 τὰς τοιαύτας πράξεις 1454ᵃ 11 τὸ τοιοῦτον παρασκευάζειν. — Ich gehe zu der Stelle der Politik über: p. 1342ᵃ 13 καθ' ὅσον ἐπιβάλλει τῶν τοιούτων ἑκάστῳ ‚so viel von diesen eben genannten Affecten auf jeden Einzelnen kommt'; 15 τὰ μέλη τὰ καθαρτικὰ παρέχει χαρὰν ἀβλαβῆ τοῖς ἀνθρώποις· διὸ ταῖς μὲν τοιαύταις ἁρμονίαις καὶ τοῖς τοιούτοις μέλεσι κτλ. ‚solche kathartische Harmonien und solche kathartische Lieder'; 28 πρὸς δὲ παιδείαν, ὥσπερ εἴρηται, τοῖς ἠθικοῖς τῶν μελῶν χρηστέον καὶ ταῖς ἁρμονίαις ταῖς τοιαύταις ‚solche ethische Harmonien.' Besonders lehrreich werden durch den Contrast folgende Perioden: 18 ἐπεὶ δ' ὁ θεατὴς διττός, ὁ μὲν ἐλεύθερος καὶ πεπαιδευμένος, ὁ δὲ φορτικὸς ἐκ βαναύσων καὶ θητῶν καὶ ἄλλων τοιούτων συγκείμενος, ἀποδοτέον ἀγῶνας καὶ θεωρίας καὶ τοῖς τοιούτοις πρὸς ἀνάπαυσιν. Im Vordersatz, wo den Handwerkern und Tagelöhnern ein wirkliches ‚Und so weiter' angehängt werden soll, heisst es καὶ ἄλλων τοιούτων; dagegen im Nachsatz, wo dies so beschaffene Publicum nur als ‚die Besagten' auftritt steht τοῖς τοιούτοις. — Ebenso 26 πρὸς τὸν θεατὴν τὸν τοιοῦτον τοιούτῳ τινί χρῆσθαι τῷ γένει τῆς μουσικῆς. Das Publicum war vorher genau ‚besagt', daher τὸν θεατὴν τὸν τοιοῦτον; die Musikgattung braucht nicht so eng umgrenzt zu werden, daher τοιούτῳ τινί γένει τῆς μουσικῆς. — Auch bei Thukydides ist ὁ τοιοῦτος als rein demonstratives ‚solcher' gar nicht selten; Krüger hat die Beispiele verzeichnet. Hätte der sonst so sprachkundige Badham sich dieses Gebrauchs erinnert, so würde er zu Platons Philebos p. 15 c καὶ πάντας τοίνυν ἡμᾶς ὑπόλαβε συγχωρεῖν σοι τούσδε τὰ τοιαῦτα nicht die Aenderung ταὐτὰ ταῦτα vorgeschlagen, sondern nur bemerkt haben, dass τὰ τοιαῦτα dort blos auf das eben Gesagte zurückweise und also soviel wie ταὐτὰ ταῦτα bedeute.

11. Aristotelische Bruchstücke bei Proklos; Eudemos; Syssitikos.

(Zu S. 37.)

Hoffentlich wird einer der Bewerber um den neulich von der Berliner Akademie für eine Sammlung der aristotelischen Fragmente ausgesetzten Preis auch die noch ungedruckten Schriften des Proklos zu diesem Zwecke zu durchsuchen nicht versäumen. Inzwischen stehe hier Einiges aus den gedruckten. — Im Commentar zu dem platonischen Timäos *p. 338 D. ed. Bas.* = 823 *Schn.* wirft Proklos die Frage auf, warum Platon die Mythen über die Seele, wie sie der Gorgias und die Politeia enthält, nicht auch im Timäos erwähne. Die Antwort lautet: ὅτι τὸ πρέπον διασώζει τῇ τοῦ διαλόγου προθέσει καὶ τῆς περὶ ψυχῆς θεωρίας ὅσον φυσικὸν ἐν τούτοις παραλαμβάνει, τὴν πρὸς τὸ σῶμα τῆς ψυχῆς ὁμιλίαν παραδιδούς· ὃ δὴ καὶ Ἀριστοτέλης ζηλώσας ἐν τῇ περὶ ψυχῆς πραγματείᾳ (die uns erhaltenen Bücher von der Seele) φυσικῶς αὐτὴν μεταχειριζόμενος οὔτε περὶ καθόδων ψυχῆς οὔτε περὶ λήξεων ἐμνημόνευσεν, ἀλλ' ἐν τοῖς διαλόγοις χωρὶς ἐπραγματεύσατο περὶ | αὐτῶν. Proklos hatte also noch nähere Kenntniss von dem aristotelischen Dialog Eudemos und fand darin die Mythen von der ‚Herabfahrt und dem Loosen' der Seelen vorgetragen, was zu der aus anderen Bruchstücken erkennbaren populären Haltung dieses Gesprächs sehr wohl passt. — Benutzung zweier anderer jetzt verlorener aristotelischer Schriften zeigt Proklos in der ersten Vorlesung über Platons Politeia *p. 350*, wo er die Verfechter der Ansicht, dass die beste Staatsform und nicht die Gerechtigkeit den Hauptgegenstand des platonischen Werks bilde, sich auf das Alterthum der Ueberschrift πολιτεία berufen lässt. Nachdem er dies in indirecter Rede referirt hat, fährt er dann in eigenem Namen fort: καὶ γὰρ Ἀριστοτέλης ἐπιτεμνόμενος τὴν πραγματείαν ταύτην οὑτωσί φησὶν ‚ἐπιτέμνεσθαι τὴν Πολιτείαν' καὶ ἐν τῷ Συσσιτικῷ τοῦτον αὐτὴν προσαγορεύει τὸν τρόπον καὶ ἐν τοῖς Πολιτικοῖς (die uns erhaltenen, *Lib. 2*) ὡσαύτως, καὶ Θεόφραστος ἐν Νόμοις καὶ ἄλλοθεν [ἄλλοθι] πανταχοῦ. Hieraus sieht man erstlich, dass Proklos noch den aristotelischen Auszug aus Platons Politeia vor sich hatte, welchen der Katalog bei Diogenes Laertius 5, §. 22 unter dem Titel τὰ ἐκ τῆς πολιτείας α' β' aufführt. Und zweitens erfährt man in Συσσιτικός den richtigen Titel derjenigen Schrift, welche in jenem Katalog §. 26 mit sinnentstellender Verderbniss als Νόμος συστατικός α' erscheint. Dass συστατικὸς falsch sei, erkannte auch Casaubonus (*Animadverss. in Athen.* 5, 2); er wollte es, nach keiner Seite glücklich, in συνουσιαστικὸς ändern, und meinte es dadurch den Worten des Athenäus 5, p. 186 anzunähern: τοῦ γοῦν Ξενοκράτους ἐν Ἀκαδημίᾳ καὶ πάλιν Ἀριστοτέλους συμπόσκοί τινες ἦσαν νόμοι. Aber wie schon τινες und die ganze Färbung des Satzes zeigt, konnte oder wollte Athenäus dort nicht den wörtlich genauen Titel angeben. Und der Sache nach ist ja ein *νόμος συσσιτικός* nichts anderes als eben eine ‚Tisch- oder Gastmahlsordnung'. Bei der Rolle, welche die Syssitien in Platons Politeia spielen, musste Aristoteles vielfachen Anlass haben, gerade diese Schrift in seinem Syssitikos namentlich zu citiren. [Eine Nachbildung dieser philosophischen Tischordnungen giebt das Schlusskapitel von Lucian's Kronosolon, welches *νόμοι συμποτικοί* überschrieben ist.]

12. Porphyrios über Götter und Dämonen.
[Xenokrates.]
(Zu S. 38.)

Die übersetzte Stelle aus Porphyrios' Brief an den Anebo lautet bei Eusebios (*Praep. Evang.* 5, 10), nach Aufnahme der von den guten Handschriften AH dargebotenen, in Gaisford's Text nicht berücksichtigten Lesarten: *ταῦτ' εἰπὼν πάλιν ἐπιφέρει* [AH. *ἀπορεῖ* vulgo] *πρὸς τὸν Αἰγύπτιον λέγων* (sc. *ὁ Πορφύριος*)· ‚*εἰ δὲ οἱ μὲν ἀπαθεῖς, οἱ δὲ ἐμπαθεῖς, οἷς διὰ τοῦτο* (vulgo *τού-,των*) *φαλλοὺς φασὶν ἑστάναι* (sic, nisi quod *φαυλοὺς*, AH. *φασὶ ,φαλλοὺς ἱστάναι* vulgo) *καὶ ποιεῖσθαι αἰσχρορρημοσύνας, μάταιοι ,αἱ θεῶν κλήσεις ἔσονται, προσκλήσεις αὐτῶν ἐπαγγελλόμεναι καὶ ,μήνιδος ἐξιλάσεις καὶ ἐκθύσεις, καὶ ἔτι μᾶλλον αἱ λεγόμεναι ἀνάγκαι θεῶν. Ἀκήλητον γὰρ καὶ ἀβίαστον καὶ ἀκαταναγκαστον τὸ ἀπαθές.'* Abgesehen von der Interpunction, habe ich nur *τούτων* geändert. Dass *ἑστάναι* der guten Handschriften richtig sei, zeigt das nebenstehende *ποιεῖσθαι*; und die Replik des Abammon lehrt, dass, wie es die Uebersetzung ausdrückt, *οἱ μὲν ἀπαθεῖς* auf die Götter, *οἱ δὲ ἐμπαθεῖς* auf die Dämonen sich bezieht. — [Der Urheber der von Porphyrios als gangbar bezeichneten Lehre, dass durch die unzüchtigen Ceremonien die den Begierden und überhaupt den Affecten unterworfenen bösen Dämonen beschwichtigt werden sollen, ist kein Geringerer als Xenokrates, der Schüler Platons und der Mitschüler des Aristoteles. Er schrieb den Dämonen Affect wie Sterblichen und Stärke wie Göttern zu (πάθος θνητοῦ καὶ θεοῦ δύναμις Plut. de Def. Oracc. c. 13. p. 416 d) und führte den an die Auffassung der Kirchenschriftsteller erinnernden Gedanken durch, dass ‚die Unglückstage und alle Feiern, in denen Trauerklage, Fasten, Schimpfen und unzüchtiges Reden vorkämen — also die Demeterfeste und Dionysien — nichts mit der Verehrung der Götter und guten Dämonen zu thun hätten; es gäbe jedoch im Luftkreis Wesen, die gross und stark und zugleich bösartig und finster seien, diese hätten an dergleichen Dingen Freude und wenn ihnen auf jene Weise ihr Willen geschehen, so schreiten sie nicht zu Schlimmerem (*Plut. de Isid. c. 26 p. 361ᵇ*).' Diese Annahmen stehen in deutlichem Zusammenhang mit dem Dogma von der Existenz eines selbständig dem wohlthätigen Prinzip gegenüberstehenden bösen Prinzips, welches eben als Dogma, ohne philosophische Deduction, im zehnten Buch der Gesetze so überraschend und für die rein platonische Abstammung jenes zehnten Buches so verdächtigend auftritt (896ᵉ 906ᵃ). — Wie weit Aristoteles davon entfernt ist, die unzüchtigen Culte, in Jamblichos' Weise, als eine beschwichtigende Abschlagszahlung an die niedere Sinnlichkeit auch ethisch statthaft zu finden, zeigen die Bestimmungen in seinem Abriss der Pädagogik, Politic. 7 [4] c. 17 p. 1336ᵇ 16. ‚Die Behörden — heisst es dort — sollen darauf halten, dass keinerlei Darstellungen von unanständigen Dingen weder in Bildwerken noch in Gemälden sich finden, ausser in den Tempeln derjenigen Götter, für welche das Gesetz auch die Schimpfreden (τωθασμός) festsetzt. Zu diesen Göttern lässt dann auch das Gesetz Männer von vorgerücktem Alter herantreten, dass sie nicht blos für sich, sondern zugleich im

Namen ihrer Kinder und Frauen den Gottesdienst verrichten (ὑπὲρ αὑτῶν καὶ τέκνων καὶ γυναικῶν τιμαλφεῖν τοὺς θεούς, wahrscheinlich wörtliche Anführung eines alten Gesetzes). Jungen Leuten dagegen muss der Gesetzgeber die Anwesenheit bei Jambenliedern und Komödien untersagen, bis sie in das Alter kommen, wo sie auch zur Tafel und zu Trinkgelagen hinzugezogen werden und die Erziehung sie Alle für den aus derartigen Dingen erwachsenden Schaden unzugänglich gemacht haben wird.' Die Erwähnung des πυθασμός und der auf gleiche Linie gestellten ἴαμβοι und κωμῳδία zeigt, dass Aristoteles vorzüglich den Cult der Demeter und des phallischen Dionysos im Sinn hat, gegen den er in sittlicher Erziehung Schutz sucht, also in ihm kein noch so indirectes Mittel für sittliche Erziehung sehen kann.]

13. Proklos' Vorlesungen über Platons Staat.
(Zu S. 45.)

Die Basler Ausgabe der Vorlesungen des Proklos schliesst mit der Abhandlung περὶ τοῦ ἐν τῷ ἑβδόμῳ τῆς Πολιτείας σπηλαίῳ. Vom achten und neunten Buche ist meines Wissens bis jetzt nichts veröffentlicht. Dagegen hat aus dem zehnten Buch ausser Alexander Morus (s. Anm. 5) auch Angelo Mai Mittheilungen gemacht an drei verschiedenen Orten seiner vielartigen Publicationen. Zuerst hat er seinen Noten zu der ersten Ausgabe von Cicero *de republica* eine Anzahl kleinerer Stückchen einverleibt, welche der *index librorum adhuc ineditorum* (*p. 620* des Moserschen Abdrucks) verzeichnet. Dann hat er vor und hinter die zweite Ausgabe derselben ciceronischen Schrift grössere Abschnitte gestellt, *Classici Auctores Vol. 1 p. XIV—XVIII* und *p. 366—368*. Endlich hat er im achten Band des *Spicilegium Romanum* fünfzig Seiten (*p. 664—712*) mit dem ὑπόμνῆμα εἰς τὸν ἐν Πολιτείᾳ τοῦ Πλάτωνος μῦθον angefüllt, dessen Lectüre durch die Lückenhaftigkeit der durchschnittlich um sechs Zeilen auf jeder Seite verstümmelten Handschrift und durch die Fahrlässigkeit des Abschreibers oder Herausgebers eben so schwierig geworden ist, als sie von vorn herein langweilig war durch die Geistesbeschaffenheit des Autors. Im Ganzen lernt man aus diesen umfänglichen Mittheilungen Mai's viel weniger als aus den spärlichen aber geschickt ausgewählten des Morus. Dieser hat nämlich die eigene Philosophie des Proklos ihrem Mottenschicksal überlassen, und sich die gelegentlich eingestreuten Citate von historischem und philologischem Interesse herausgesucht. So findet man z. B. bei ihm zu Joh. 11, 39, in einem grösseren Auszug des Proklos aus einer Schrift eines Naumachios, eine ursprünglichere Fassung derjenigen Erzählung, welche Goethe aus dem Wunderbüchlein des sogenannten Phlegon entnommen und zur ‚Braut von Korinth' verherrlicht hat. [S. Erwin Rohde im Rheinischen Museum 32, 330 und Valentin Rose im Hermes 2, 96 und 469.]

14. ἀφοσιοῦσθαι.

(Zu S. 47.)

Für die fragliche Bedeutung von ἀφοσιοῦσθαι in ihrer Ausdehnung auch auf das nichtreligiöse Gebiet lassen sich aus den besten Attikern Stellen beibringen, deren antithetische Wendung jeden Zweifel verbietet. Isäos in der Rede über die Erbschaft des Apollodoros §. 38 spricht von einem Trierarchen, der diese Leiturgie mit Eifer und grossem Aufwand abgeleistet habe: οὐδ' ἀφοσιούμενος ἀλλ' ὡς οἷόν τ' ἄριστα παρασκευαζόμενος Bei Platon *Legg.* 7, 752 D heisst es von der ernsten Sorgfalt bei Einsetzung der obersten Behörden, φημὶ . . . χρῆναι . . .

μὴ μόνον ἀφοσιώσασθαι περὶ τῆς χώρας ᾗ νῦν κατοικίζεται, συντόνως δ'ἐπιμεληθῆναι, τὰς πρώτας ἀρχὰς εἰς δύναμιν ὅπως ἂν ἱστῶσιν ὡς ἀσφαλέστατα καὶ ἄριστα. Im siebenten platonischen Brief p. 331 B: προθύμως ξυμβουλεύω καὶ οὐκ ἀφοσιωσάμενος μόνον ἐπαυσάμην. Ebenso wird ἀφοσιοῦσθαι nun auch schlechthin, ohne Beisatz oder Gegensatz, gebraucht von dem Abmachen einer religiösen Pflicht oder irgend eines Geschäfts, blos um der Form zu genügen und sich mit sich selber oder mit Anderen abzufinden, ungefähr wie man in der jetzigen Conversationssprache *animam salvare* oder *liberare* (nach Hesekiel 3, 19) anwendet. Wenn Sokrates, der das Traumgebot, sich der musischen Kunst zu widmen, Zeit seines Lebens unbeachtet gelassen und durch seine Beschäftigung mit der wahren Seelenmusik, der Philosophie, hinlänglich erfüllt zu haben glaubte, dennoch kurz vor seinem Tode sich zum Anfertigen von Gedichten entschliesst, so sagt er Phaedon p. 61 A ἀσφαλέστερον γὰρ μὴ ἀπιέναι πρὶν ἀφοσιώσασθαι ποιήσαντα ποιήματα καὶ πειθόμενον τῷ ἐνυπνίῳ. — Hiernach bleibt auch kein Zweifel über den Sinn von Herodots Worten 1, 199 wo er erzählt, dass die babylonische Frau, nachdem sie sich Einmal im Mylitta-Tempel prostituirt habe, fortan um keinen Preis mehr Jemand zu Willen sei: ἐπεὰν δὲ μιχθῇ ἀποσιωσαμένη τῇ θεῷ ἀπαλλάσσεται . . . καὶ τὠπὸ τούτου οὐκ οὕτω μέγα τί οἱ δώσεις ᾧ μιν λάμψεαι. Der Sinn ist nämlich ‚nachdem das Weib sich so mit der Göttin ein für alle Mal abgefunden, ihrer Pflicht gegen die Göttin ein für alle Mal genügt hat.' Schelling (Philos. d. Mythol. | Werke 2, 2 S. 239, 241 und besonders 243) fasst dies als gleichbedeutend mit ‚der Mylitta geweiht sein' und gründet seine speculative Erklärung jenes ritualen Greuels zum Theil auf diesen usurpirten sprachlichen Boden. Aehnlich wird bei Herodot 4, 154 Jemand hinterlistiger Weise ein Eid abgelockt, dass er ein Weib ins Meer werfe; um sich der Eidespflicht zu entledigen, lässt er sie an Stricken hinab bis sie das Wasser berührt und zieht sie dann wieder herauf, *ἀποσιευμένος τὴν ἐξόρκωσιν*. In solchen Fällen tritt recht deutlich der Uebergang hervor zu dem was lateinisch *dicis causa facere* heisst, und dafür gebraucht es auch Modestinus in den Pandekten 27, 1, 13, 6, wo von einem Tutor oder Curator die Rede ist, welcher sich zu einem Termin zwar einstellt, aber nicht bei der Verhandlung ausharrt: *ἐὰν ἀφοσιώσεως χάριν μόνον ἐντύχῃ μὴ ἐπιμείνῃ δὲ μετὰ ταῦτα τῇ δικαιολογίᾳ κτλ.* —[Galenos wollte anfänglich in seiner Schrift ‚von dem Nutzen der Körpertheile' die Sehnerven übergehen, weil zu ihrer Behandlung ‚abschreckende' geometrische Figuren sich als unentbehrlich herausstellen. Ein Traumgesicht macht ihm den Vorwurf, dass er das göttlichste Organ, das Auge, beeinträchtige und an dem Schöpfer frevle, indem er eine so grosse ‚Erweisung von dessen Fürsorge für seine Geschöpfe mit Stillschweigen übergehe' (Vol. 3 p. 812 Kühn). Auf diese Mahnung fügt er die berühmte Darstellung am Schluss des zehnten Buches hinzu und sagt (c. 14 p. 838) *ἀφοσιούμενος τοῖς τοῦ δαίμονος προστάγμασι γραμμικοῖς ἐχρησάμην θεωρήμασιν.*]

15. *ἀπέρασις*.

(Zu S. 52.)

Theophrast gebraucht in seinen botanischen Schriften *ἀπέρασις* als fixirten Terminus: *Caus. Plant. 2, 8, 4 τοῦτο δὲ παθόντα καὶ ἀπέρασίν τινα ἔλαβεν ὑγροῦ καὶ πνεύματος καὶ τὸ θερμὸν εἰςδέχεται;* und ohne Zusatz *2, 9, 8 ἡ ἄνοιξις ποιεῖ τὴν ἐπιμονήν, εὔπνοιάν τε καὶ ἀπέρασιν ποιοῦσα;* vgl. *2, 11, 11.* Ganz wie Gale es im Jamblichos versuchte, hatte man dieses Wort zu *ἀφαίρεσις* verderbt, *ibid. 2, 15, 4 κατακοπτομένη δὲ λαμβάνει τινὰ ἀναπνοὴν καὶ ἀπέρασιν.* Schneider hat dort das Richtige, Wimmer aber wieder das Falsche. Ebenso richtig hat Schneider 1, 17, 10 τῆς ὑγρότητος ἀπερασθείσης verbessert, statt der von Wimmer beibehaltenen unmöglichen Vulgata ἀπελαθείσης. — Für die medicinische Bedeutung genügt die Stelle des Plutarch *de tuend. sanit. c. 20*, p. 134 e „wo er gegen den Missbrauch spricht, welchen die römischen Schlemmer mit Vomitiven trieben: εἰ δ'ἀνάγκη ποτὲ καταλάβοι, τοὺς μὲν ἐμέτους ποιητέον ἄνευ φαρμακείας καὶ περιεργίας, μηδὲν ἐκταράττοντας ἀλλ' ὅσον ἀπεψίαν ἐκφυγεῖν, αὐτόθεν ἀφιέντας ἀπραγμόνως τῷ πλεονάζοντι τὴν ἀπέρασιν. In derselben Bedeutung kommt auch das verwandte Compositum ἐξεράω vor. Der von Hydropsie befallene Herakleitos forderte nach Hermippos bei Diogenes Laertius 9, 4 die Aerzte auf τὸ ὑγρὸν ἐξεράσαι; und was im zweiten Petrusbrief 2, 22 mit derbem Wort κύων ἐπιστρέψας ἐπὶ τὸ ἴδιον ἐξέραμα heisst, hatte der von Valckenaer (zu Eurip. Phöniss. v. 397) wegen seines feinen Griechisch belobte Septuagintaübersetzer der Proverbien (26, 11) so wiedergegeben: ὥσπερ κύων ὅταν ἐπέλθῃ ἐπὶ τὸν ἑαυτοῦ ἔμετον.

16. Werth der Affecte.

(Zu S. 66.)

Die Stelle des Seneca lautet (*de Ira, 1, 17*): *Aristoteles ait adfectus quosdam si quis illis bene utatur pro armis esse, quod verum foret, si velut bellica instrumenta sumi deponique possent inductis arbitrio. Haec arma, quae Aristoteles virtuti dat, ipsa per se pugnant, non exspectant manum, et habent non habentur.* In den erhaltenen Schriften des Aristoteles kommt diesem Ausspruch am nächsten und ist erst durch ihn völlig aufgeklärt die vielfach mit Conjecturen gemisshandelte Stelle im ersten Buch der Politik c. 2 p. 1253ᵃ 35, wo es heisst, dass der Mensch in seiner Lostrennung von der staatlichen Rechtsgemeinschaft das schlimmste unter allen Geschöpfen sei: χαλεπωτάτη γὰρ ἀδικία ἔχουσα ὅπλα· ὁ δ'ἄνθρωπος ὅπλα ἔχων φύεται φρονήσει καὶ ἀρετῇ, οἷς ἐπὶ | τἀναντία ἔστι χρῆσθαι μάλιστα. Die den Menschen ‚angeborenen Waffen‘, welche der Vernunft und Tugend dienen sollen, sich aber gar leicht zum Gegentheil missbrauchen lassen, sind eben die Affecte. — Nach derselben Seite trifft und war wohl zunächst gegen Antisthenes gerichtet das bei Diogenes Laertius 5, 31 erhaltene Wort des Aristoteles τὸν σοφὸν οὐκ εἶναι μὲν ἀπαθῆ, μετριοπαθῆ δέ. Ausdrücklich zur Bekämpfung der stoischen Apathie hatte auch Herodes Atticus diese peripatetische Ansicht in einer Declamation ausgeschmückt, welche, wenn man dem lateinischen Auszug bei Gellius 19, 12 trauen darf, eine Hindeutung auf das Wort Katharsis, jedoch blos auf das Wort, enthielt: *Dicebat sensus istos motusque animi, qui cum immoderatiores sunt, vitia fiunt, innexos inplicatosque esse vigoribus quibusdam mentium et alacritatibus, ac propterea, si omnino omnes eos imperitius convellamus, periculum esse, ne iis adhaerentes bonas quoque et utiles animi indoles amittamus. Moderandos esse igitur et scite considerateque purgandos censebat, ut ea tantum quae aliena sunt contraque naturam videntur et cum pernicie adgnata sunt detrahantur.* Auch in den uns erhaltenen aristotelischen Ethiken klingt ja überall dieser Grundton durch; und gewiss ward er von Neuem angeschlagen in dem verlorenen Abschnitt über Katharsis, wo Aristoteles gegen Platons Ausrottungssucht der Affecte auftrat (oben S. 48). Daraus mag dann Proklos seine πάθη ἐνεργὰ πρὸς τὴν παιδείαν geschöpft haben (oben S. 47 Z. 7). Dass hierin jedoch nur eine unterstützende Seitenbetrachtung, nicht das eigentliche Wesen der dramatischen Katharsis liegt, bedarf wohl nach dem ganzen Verlauf unserer Untersuchung nicht noch eines besonderen Beweises; und wäre er nöthig, so würde ihn am schlagendsten Proklos selbst liefern, da er ja an der dritten

Stelle (oben S. 49), wo er den Grundbegriff der Katharsis bekämpft, von diesem Punkt, eben weil es ein Nebenpunkt ist, gänzlich absieht.

17. Augustinus über Tragödie.

(Zu S. 74.)

Niemand wohl hat die exstatische und hedonische Natur des tragischen Mitleids so tief ergründet und so ergreifend geschildert wie der ‚Sohn der Thränen' (*Conf. 3 extr.*) Augustinus. Die bezügliche Stelle der ‚Bekenntnisse' (*3 c. 2*) sei hier aus einer, zu eigener Uebung unternommenen, Uebersetzung mitgetheilt, die es sich nicht verhehlt, wie gewagt und schwerlich gelungen der Versuch ist, die wundersam disparate Eigenthümlichkeit dieses lateinischen Stils wiederzugeben. Augustinus hat nämlich in jenem psychologisch unerhörten Werk das aus Andachtsgründen absichtlich gewählte barbarische Wörter- und Phrasenmaterial der alten Itala-Bibel durch eine periodologische Technik, wie sie des gefeierten Lehrers der Rhetorik zu Karthago, Rom und Mediolanum würdig ist, bemeistert und gleichsam klassisch gemacht. In der hier ausgehobenen Stelle tritt, der Natur des Gegenstandes gemäss, die Bibelphrase etwas zurück. Nach Karthago gekommen, — sagt er — habe er sich ausschweifender Liebe hingegeben; ‚freudig liess ich mich ‚fesseln von peinvollen Banden, um gepeitscht zu werden mit ‚glühenden, eisernen Ruthen der Eifersucht, des Verdachts, des ‚Zornes und des Zankes. Da riss mich die Schaubühne hin, ‚voll wie sie war von den Bildern meiner Leiden und dem ‚Zunder meines Feuers. Was hat es zu bedeuten, dass der ‚Mensch dort Schmerz empfinden will im Anschauen trauriger

‚und tragischer Dinge, die selbst erdulden er nimmer möchte?
‚Und dennoch will der Zuschauer Schmerz davon erdulden,
‚und eben der Schmerz ist seine Lust. Was kann das anders
‚sein, als leidenvolle Gemüthskrankheit? Denn die Rührung
‚ist um so stärker, je mehr man selbst an diesen Trieben
‚krankt; obgleich es, wenn der Mensch es selbst erduldet,
‚Leid, wenn er an Anderen theilnimmt, Mitleid genannt | zu
‚werden pflegt. Aber was kann es denn für ein Mitleid geben
‚bei erdichteten Bühnendingen? Der Zuschauer wird ja nicht
‚zum Beistand aufgerufen, sondern zum Schmerz eingeladen;
‚je heftiger der Schmerz, desto mehr Beifall erhält der Dar-
‚steller dieser Bilder. Und würden die Jammerschicksale,
‚welche ja längst verschollen oder erlogen sind, so dargestellt,
‚dass der Zuschauer keinen Schmerz empfindet, so ginge er
‚gelangweilt und unzufrieden davon; schmerzt es ihn aber, so
‚bleibt er aufmerksam sitzen, und während seine Thränen rin-
‚nen, freut er sich. Liebt man also etwa auch die Schmerzen?
‚Aber sicherlich wünscht doch Jeder sich Freuden. Oder will
‚zwar Niemand leidend aber wohl mitleidend sein, und weil
‚dies ohne Schmerz nicht abgeht, so werden in diesem einzigen
‚Falle die Schmerzen geliebt? Auch dies sprudelt aus jenem
‚Quell hingebender Menschenliebe.' Durch die leidenschaftliche
theatralische Aufregung aber — heisst es darauf, zur Andacht
einlenkend, weiter — fliesse dies hingebende Gefühl *in torren-
tem picis bullientis, aestus immanes tetrarum libidinum etc.*

Zum Schluss sei noch bemerkt, dass ich mit Vorbedacht
jede Aeusserung unterdrückt habe über die Weise, wie Aristoteles seine kathartische Theorie für die Komödie durchführen
mochte. Die individuell befriedigende Ueberzeugung, zu welcher

man allerdings auch hinsichtlich dieses Punkts durch die innere Congruenz der aristotelischen Gedanken geführt werden kann, muss bei dem bisherigen Mangel jeder festeren äusseren Stütze immer doch ein divinatorisches Ansehen behalten, und in wissenschaftlichen Dingen ist es ja meistens besser, dass Unbeweisbares auch ungesagt bleibe. Raumer (hist. Taschenb. N. F. 3, 175) hat sich zu einem freilich bequemen Verfahren entschlossen, hat die tragische Katharsis des ‚Mitleids und der Furcht‘ einfach umgestülpt und hat gemeint, die komische bestehe in einer Katharsis der Mitfreude und der Hoffnung. Um dies eben so einfach zu widerlegen, sei nur daran erinnert, dass weder die griechische noch eine andere mir bekannte Sprache einen Affect der ‚Mitfreude‘ besonders benennt. Denn auch im Deutschen ist ‚Mitfreude‘ ja blos ein über dem Leisten von ‚Mitleid‘. gemachtes, kein sprachlebendiges Wort. Dergleichen negative sprachliche Thatsachen pflegen doch, besonders auf psychologischem Gebiet, ihren guten factischen Grund zu haben, und um ihn in diesem Falle zu finden, braucht man wohl, und brauchte sicherlich Aristoteles nicht lange zu suchen.

Nachtrag*) zu S. 55.

Seit der Druck vorstehender Abhandlung im August d. J. beendigt gewesen, ist von der Jamblichischen Schrift eine neue Ausgabe erschienen (Jamblichi de mysteriis liber. Ad fidem codicum manu scriptorum recognovit Gustavus Parthey, Berolini 1857), welche aus drei Handschriften ἀπέρασιν in den Text aufgenommen hat.

Oktober 1857.

---

*) [Dieser Nachtrag konnte nur der ersten Sonderausgabe der vorliegenden Schrift hinzugefügt, aber nicht mehr in den Gesammtband der ‚Abhandlungen der Breslauer historisch-philosophischen Gesellschaft' aufgenommen werden.]

Ein Brief an Leonhard Spengel

über

die tragische Katharsis bei Aristoteles.*)

Breslau 6. März 1859.

Den Dank für die freundliche Zusendung Ihrer Abhandlung (Ueber die *ΚΑΘΑΡΣΙΣ ΤΩΝ ΠΑΘΗΜΑΤΩΝ*, Ein Beitrag zur Poetik des Aristoteles. Aus den Abhand-

---

*) [Dem Abdruck dieses Briefes im Rheinischen Museum Bd. 14, Jahrgang 1859 ward folgende Anmerkung nachträglich hinzugefügt:]

Ich antworte Spengel'n, weil er, wie von seinem wissenschaftlichen Charakter zu erwarten war, den Standpunkt der Frage einhält und (S. 9 oben) in deutlichen Worten zugiebt, dass es sich zwischen uns nur handle um den Sinn der aristotelischen Definition, nicht um ihre sachliche Richtigkeit, mithin auch nicht um meine eigene Ansicht von der Tragödie. Adolph Stahr dagegen zu antworten kann ich mich nicht entschliessen, weil er, von der sonstigen Beschaffenheit seiner Schrift (Aristoteles und die Wirkung der Tragödie. Berlin 1859) abgesehen, jenen Standpunkt der Frage verrückt und sich S. 29 in Exklamationen über meinen Materialismus ergeht. — Auf Heinrich Weil's ‚Erklärung' in Jahn's Jahrbüchern 1859 S. 159, dass mir ‚seine in den Verhandlungen der zehnten Versammlung deutscher Philologen (Basel 1848) S. 131 abgedruckte Abhandlungen der k. bayer. Akademie d. W. 1. Cl. IX. Bd. 1. Abth. München 1859. Gelesen den 8. Mai 1858) glaube ich in keiner Ihnen genehmeren Weise ausdrücken zu können, als indem ich Ihnen die Gründe angebe, weshalb ich nach Durchlesung derselben bei meiner früheren Ansicht verharre. Wo beiderseits das Problem durchdacht worden, ist andeutende Kürze ausreichend, und bei Controversen habe ich immer gefunden, dass Rubriciren zur Kürze gleich sehr wie zur Bestimmtheit förderlich ist. Also

I. Sie wollen die Lessing'sche Auffassung unver-

---

lung über die Wirkung der Tragödie nach Aristoteles entgangen zu sein scheine' habe ich das Uebersehen zu beichten, und diese Beichte kostet mich um so geringere Ueberwindung, da ich mich in einer stattlichen Gesellschaft von Mitsündern befinde. Bei Spengel der doch, wie man sehen wird, auch Prioritätsfragen seiner Aufmerksamkeit gewürdigt hat, zeigt sich keine Spur von einer Bekanntschaft mit Weil's Aufsatz, und Stahr legt mir sogar ausdrücklich das ‚Verdienst' bei ‚zuerst den medicinischen Ursprung des Terminus Katharsis aufgehellt (S. 21 und S. 2) und die Stelle der Politik gründlich — wie er sich ausdrückt — herangezogen zu haben (S. 3 und 4). Ebensowenig hatte Ludwig Kayser, dessen eingehendes Referat über meine Schrift Weil zu seiner Erklärung veranlasst, Kunde von dem Weil'schen Aufsatz erlangt, und eine gleiche Schuld hat im vorjährigen Januarheft des Heyse'schen Litteraturblatts der meine Ansicht selbständig weiterführende Beurtheiler auf sich geladen, in dessen Chiffre ich einen allgemein geschätzten philologischen Forscher erkenne. So sehr ich mich nun aber der Uebereinstimmung mit Weil in manchen Punkten, besonders in der medicinischen, nicht moralischen Auffassung der Katharsis, schon deshalb freuen muss, weil ich jetzt aus der wenig wünschenswerthen Lage befreit bin, etwas ‚absolut Neues und Unerhörtes', wie mir sowohl Stahr S. 29 als Spengel (S. 8 und 12) vorwirft,

ändert beibehalten wissen, aber Sie heben nicht, ja zum Theil berühren Sie nicht einmal die Uebelstände, mit welchen sie behaftet ist. Denn

a) was den Umfang der tragischen ‚Reinigung' betrifft, so erstrecken Sie (S. 45 unten) dieselbe mit Lessing so ziemlich auf alle Affecte, erklären aber nicht, wie da-

---

gesagt zu haben: so bekenne ich doch, dass ich selbst die zwei ersten Abschnitte meiner Schrift, bei denen ja allein von einem Zusammentreffen die Rede sein kann, nicht würde ungeschrieben gelassen haben, wäre mir auch der Weil'sche Aufsatz früher bekannt geworden. Denn Weil hat das Richtige zwar gefühlt, aber er hat es weder, so weit man sehen kann, bei sich durchgearbeitet, noch hat er es für Andere bewiesen. Von den zehn Quartseiten, welche sein Aufsatz einnimmt, beschäftigt er sich auf sechsen mit einer blos registrirenden, das Resultat nicht innerlich vorbereitenden Aufzählung der früheren Erklärungen, und die vier Seiten, welche seine eigene Ansicht darlegen sollen, enthalten über die eigentlichen hermeneutischen Schwierigkeiten nur sehr kurze Andeutungen, zum Theil unrichtiger Art. Man vergleiche z. B. meine Ausführungen über τῶν τοιούτων und über παθημάτων (S. 22—30, 99—105,) mit folgenden Sätzen, den einzigen, welche Weil diesen Kernpunkten der ganzen Frage widmet (S. 140): ‚der Genetiv πα-
‚θημάτων muss unsrer Ansicht nach nicht objectiv sondern sub-
‚jectiv gefasst werden. „Die Reinigung solcher Affecte" ist die
‚Reinigung, welche durch solche Affecte bewirkt wird. Die Tragö-
‚die, sagt Aristoteles, bewirkt durch Mitleid und Furcht die solchen
‚Affecten eigenthümliche Reinigung. „Solchen Affecten" heist es
‚und nicht „diesen" weil der Enthusiasmus in dieselbe Klasse
‚gehört, ebenfalls cathartisch wirkt.' Ich muss hiernach zweifeln ob Weil mir in der Aufstellung des Unterschiedes zwischen πάθος und πάθημα beistimmt; keinenfalls aber kann ich ihm in seiner Auffassung von τῶν τοιούτων beistimmen; denn er nimmt es offenbar für gleichbedeutend mit Etcetera.

bei die Geschlossenheit der Definition bestehen könne, und warum Aristoteles seine tragischen Regeln immer nur von Mitleid und Furcht ableite — kurz, Sie erledigen nichts von dem was in meiner Schrift [oben S. 24—26] gegen Lessing bemerkt ist.

b) Ueber die Art und Weise der moralischen Reinigung habe ich bei Ihnen keinen Aufschluss gefunden. Wollen Sie auch hinsichtlich dieses Punktes die von mir [oben S. 3] angeführten Lessing'schen Sätze unterschreiben und mit Allem, was daraus folgt, vertheidigen? |

c) Was das Wort κάθαρσις anlangt, so behalten Sie mit Lessing die Uebersetzung ‚Reinigung' bei, gehen jedoch, schwerlich in Lessing's Sinne auf den platonischen Gebrauch zurück, d. h. vorwiegend auf die Lustration. Bei Platon ist nun aber κάθαρσις blos eine von der Lustration, oder, jedoch seltener, von der Medicin hergenommene Metapher, als solche beabsichtigt, als solche erkennbar und auf den ersten Blick verständlich; weshalb auch Platon sich nie veranlasst sieht, eine Worterläuterung von κάθαρσις zu geben, sondern überall wo er ein tertium comparationis zu finden glaubt, bedient er sich der Metapher, und redet daher von einer asketischen, ethischen und dialektischen Katharsis. Bei Aristoteles dagegen ist κάθαρσις ein metaphorischer Terminus, den er, wie alle seine Termini, einer besonderen Worterläuterung bedürftig findet (τί δὲ λέγομεν τὴν κάθαρσιν κτλ. Politic. 8, c. 7; s. oben S. 7 Z. 10), und für den er ein bestimmtes Gebiet abgegrenzt hat. Er kennt weder eine asketische noch eine ethische und am allerwenigsten kennt er eine dialektische Katharsis. Sondern Katharsis ist ihm nur eine Art die παθητικοί (nicht die παθήματα) zu behandeln. Ich muss also nach wie vor behaupten, dass der Terminus κάθαρσις zuerst von Aristoteles geprägt worden, und dass die platonische Metapher, d. h. die Lustration aus den in meiner Schrift (oben S. 12, 13) angegebenen Gründen für die Aufklärung jenes aristotelischen Terminus nicht brauchbar ist. — Wo möglich noch weniger als mit Ihrem Zurückgehen auf Platon kann ich mich mit Ihrem Vorwärtsgehen zu den Neuplatonikern (S. 33—37) befreunden. Sie wissen es so gut wie ich, dass diese Leute unter καθαρτικαὶ ἀρεταὶ etwas in ihrem System, und nur in dem ihrigen, ganz Bestimmtes verstehen, nämlich die dritte Tugendstufe, welche auf die φυσικαὶ und die πολιτικαὶ ἀρεταὶ folgen, den θεωρητικαὶ aber und den θεουργικαὶ vorhergehen soll. Die Bezeichnung καθαρτικαὶ ἀρεταὶ für Askese — denn sachlich ist dies gemeint — ward anerkanntermaassen aus den bezüglichen Stellen des platonischen Phädon entlehnt. Dass Olympiodoros, in einer schon von Fabricius (prolegg. in Marinum p. XLVII ed. Boissonade) im richtigen Zusammenhange angeführten Stelle, alle Lehren der früheren Schulen über Bezähmung der Begierden als καθάρσεως τρόποι, Στωικὸς Περιπατητικός u. s. w. | herrechnet, entspricht ganz der bekannten mengenden Weise, in welcher diese Neuplatoniker, unbekümmert um geschichtliche Genauigkeit, die älteren Systeme misshandeln. Solche Anachronismen dürfen, wenn man einmal Olympiodoros und seines gleichen kennt, nicht befremden, aber eben deshalb können sie auch durchaus nicht belehren*); und Ihnen so wenig wie Daniel Heinsius vor Ihnen (s. meine 7. Anmerkung**)

---

*) Wie unbesonnen man zur Zeit der Neuplatoniker mit dem Stichwort καθαρτικός überall um sich warf, zeigt recht anschaulich die von Africanus herrührende chronographische Anzeichnung bei Syncellus p. 489 ed. Bonn.: Σωκράτης φιλόσοφος καθαρτικὸς ἤνθει, welche Scaliger in seinen griechischen Eusebios (Olymp. πς p. 170 ed. sec.) aufgenommen hat.

**) [oben S. 94.]

ist es, scheint mir, gelungen, jene neuplatonische καθαρτικαὶ ἀρεταί für das Verständniss des aristotelischen Terminus nutzbar zu machen. Ich meines Theils habe den Jamblichos und Proklos nur da für Aristoteles benutzt, wo sie von theatralischer Katharsis sprechen; denn alsdann können Sie weder aus Platon schöpfen, noch aus eigenem Dogma reden. Beiläufig gesagt, scheinen Sie (S. 27) meiner Schlussfolgerung aus Jamblichos nicht ihr Recht widerfahren zu lassen. Aus ihrer Darstellung kann der Leser nicht erkennen, dass es sich bei Jamblichos handelt um eine Anwendung des Gedankens der aristotelischen Katharsis auf phallisches Gebiet. — Auch wäre es mir sehr erwünscht, wenn Sie mir die Stellen angeben wollten, die Sie im Sinne hatten, als Sie S. 33 schrieben, ἀπέρασις sei ‚ein den spätern Secten geläufiger Ausdruck'.

II. Unter dem was Sie gegen meine Auffassung vorbringen, fordert zunächst zur Besprechung auf

a) Ihr S. 17 gemachter Vorschlag, in dem Satze des Aristoteles Politic. 8, 7, 1341 b, 36 φαμὲν δ' οὐ μιᾶς ἕνεκεν ὠφελείας τῇ μουσικῇ χρῆσθαι δεῖν ἀλλὰ καὶ πλειόνων χάριν· καὶ γὰρ παιδείας ἕνεκεν καὶ καθάρσεως — τί δὲ λέγομεν τὴν κάθαρσιν νῦν μὲν ἁπλῶς, πάλιν δ' ἐν τοῖς περὶ ποιητικῆς ἐροῦμεν σαφέστερον — τρίτον δὲ πρὸς διαγωγήν, πρὸς ἄνεσίν τε καὶ πρὸς τὴν τῆς συντονίας ἀνάπαυσιν die Worte τρίτον δὲ folgendermaassen umzustellen: πρὸς διαγωγήν, | τρίτον δὲ πρὸς ἄνεσιν. Sie haben es sich gewiss nicht verhehlt, ein wie missliches Ansehen es gewinnt, wenn der Anwalt einer Sache gezwungen ist, die Belegstücke gerade in den Worten, welche den Nerv des Beweises berühren, erst zu emendiren, mag die Art der Emendation noch so vortrefflich sein; und ich bin wirklich begierig zu erfahren, ob ein so erprobter Kenner des aristotelischen Stils wie Sie diese Conjectur bei δεύτεραι φροντίδες auch nur als eine mögliche festhält. Nach dem überlieferten Text wird die Trichotomie so gezählt: erstens zu Erziehungszwecken, zweitens zu Katharsiszwecken, drittens zur Unterhaltung, Erholung, Abspannung. Diese Art der Zählung ist ganz in Aristoteles' sonstiger Weise; er gestattet es sich*) oft, die zwei ersten Glieder einer Dreitheilung, wenn jedes Glied durch Ein Wort ausgedrückt ist, einfach mit Conjunctivpartikeln aufzuführen, und durch das Zahlwort τρίτον vor dem dritten Gliede nöthigt er dann den Leser, die zwei ersten nicht neben einander zu stellen, sondern nach einander als eins, zwei zu zählen. Um ein Beispiel aus der Politik selbst zu nehmen: im eilften Capitel des dritten Buches heisst es (1282 a 3): ἰατρὸς δ' ὅ τε δημιουργὸς καὶ ὁ ἀρχιτεκτονικὸς καὶ τρίτος ὁ πεπαιδευμένος ‚Arzt ist erstlich der empirische Praktiker, zweitens der wissenschaftlich gebildete Arzt, drittens der medicinische Dilettant'. Nach Ihrer Versetzung des τρίτον δὲ soll nun aber so gezählt werden: Numero eins καὶ γὰρ παιδείας ἕνεκεν καὶ καθάρσεως, nun kommt eine längere Parenthese, dann ohne irgend eine Verbindung als Numero zwei πρὸς διαγωγήν. Glauben Sie dass Aristoteles oder überhaupt Jemand, der deutlich sein will und nicht mit 1) 2) 3) beziffern kann, in solchem Falle das δεύτερον δὲ weglassen darf, oder können Sie eine ähnliche Stelle beibringen, wo Aristoteles es thut? — Veranlasst hat Sie zu dieser Conjectur, welche zum Erweis der Identität von

---

*) [Vgl. Eth. Nicom. 1, 3, 1095^b 17 τρεῖς [βίοι] εἰσὶ μάλιστα οἱ προὔχοντες, ὅ τε νῦν εἰρημένος [ἀπολαυστικὸς] καὶ ὁ πολιτικὸς καὶ τρίτος ὁ θεωρητικός. Andere ähnliche aristotelische Stellen sind erwähnt von Vahlen in seiner Ausgabe der Poetik, Berlin 1874, p. 91.]

παιδεία und κάθαρσις dienen soll, ein vermeinter Widerspruch des fünften mit dem siebenten Capitel. Von einem solchen Widerspruch vermag ich nichts zu entdecken. Im fünften Capitel betrachtet Aristoteles die Sache, ganz nach seiner stehenden Aporien-Methode, so wie sie sich prima facie, um mit den Juristen zu reden, auch dem gewöhnlichen Blick darstellt. Er fragt: „wozu soll man musikalisch sein? etwa zu blos spielen|dem Ausruhen (παιδιᾶς ἕνεκεν καὶ ἀναπαύσεως), oder weil man dadurch besser wird, oder, noch eine dritte Möglichkeit, wenn nicht zu blossem Spiel, dann etwa zu edlerer Unterhaltung (διαγωγή, was so viel ist wie ἐλευθέριος διαγωγή 1339 b 5). Hier erwähnt er die Katharsis nicht, eben weil diese sich nicht prima facie darbietet, sondern ein dem Aristoteles eigenthümlicher und erst besonders darzulegender Gesichtspunkt ist; hier lässt er auch ἀνάπαυσις und διαγωγή als zwei geschiedene Möglichkeiten auftreten, weil er hier nur vorläufig das Problem hin und her werfen will. Im siebenten Capitel dagegen spricht er in wissenschaftlicher Strenge seine eigene schliessliche Ansicht aus; dort tritt also erstlich die Katharsis als etwas Neues, ihm Eigenthümliches hinzu, und wird besonders erklärt; dann aber werden, wie es die Logik verlangt, ἀνάπαυσις und διαγωγή nicht als zwei Hauptnummern gezählt, von denen jede auf gleicher Linie mit παιδεία und mit κάθαρσις stände, sondern es wird nur der umfassende Begriff διαγωγή als Eine Nummer gezählt und sein die ἀνάπαυσις einschliessender Umfang nachträglich durch die Worte πρὸς ἄνεσίν τε καὶ ἀνάπαυσιν angedeutet.

b) Sehr auffallend ist mir auch, dass Sie (S. 23) die Identität von παιδεία und κάθαρσις dadurch zu beweisen suchen dass Sie sagen, in Aristoteles' Worten p. 1340 a 9 ὅτι (διὰ τῆς μουσικῆς) γιγνόμεθα ποιοί τινες φανερὸν ..

...... διὰ τῶν Ὀλύμπου μελῶν ‚werde den Liedern des Olympos eine **ethische** Bedeutung zugeschrieben' d. h., nach dem Zusammenhang Ihrer Worte, eine moralisch bildende. Der unmittelbar folgende Satz ταῦτα γὰρ ὁμολογουμένως ποιεῖ τὰς ψυχὰς ἐνθουσιαστικάς erklärt doch ausdrücklich, dass die Wirkung der Olymposlieder auf den Charakter, die Art wie sie zu ποιοί τινες machen, nur eine enthusiastische ist, und der Enthusiasmus, lautet es weiter, τοῦ περὶ τὴν ψυχὴν ἤθους πάθος ἐστί, ist ein Affect des **psychischen** Charakters, nicht des moralischen. — Ferner waren die Olymposweisen doch **Flötenweisen**, und von der Flöte heisst es 1341 a 21 ἔτι δ' οὐκ ἔστιν ὁ αὐλὸς ἠθικόν (moralisch bildend) ἀλλὰ μᾶλλον ὀργιαστικόν, ὥστε πρὸς τοὺς τοιούτους αὐτῷ καιροὺς χρηστέον ἐν οἷς ἡ θεωρία κάθαρσιν μᾶλλον δύναται ἢ μάθησιν. Und liegt nicht zugleich in diesem Satze ein jede Widerrede abschneidender Beweis*) dafür dass dem Aristoteles das moralisch Bildende (ἠθικόν) etwas von der κάθαρσις scharf Geschiedenes ist?

Was Sie sonst gegen meine Auffassung sagen, entzieht sich der argumentirenden Besprechung, da es in das Gebiet des individuellen Meinens über Moral, Poesie u. s. w. gehört. Ich berühre also nur noch einen Nebenpunkt, weil er zu einer nachträglichen kleinen Vermehrung des Materials für die Hauptfrage Anlass giebt.

S. 11 sagt der Text Ihrer Abhandlung, meine ‚Belesenheit habe neuaufgefundene Belege aus Jamblichos und Proklos her-

---

*) Ich bemerke gern, dass auch Weil S. 139 diese Stelle als eine entscheidende hervorgehoben hat.

vorgesucht' und daran knüpfen Sie die Note: ‚Beide Stellen hat Lobeck im Aglaoph. 688—9 angeführt'. Aehnlich verfahren Sie S. 30.

Lobeck redet dort von dem Zusammenhang der Darstellungen in den Mysterien mit den scenischen Dramen und seine Worte lauten: Neque ea (dramatum mysticorum et scenicorum similitudo) veteres scriptores praeteriit, qui quae Aristoteles de causis tragicae poesis disputat nihil immutantes ad spectacula sacrificalia transferunt. Primum Quintilianus*) de Mus. L. III. p. 158 τὰς Βακχικὰς τελετὰς καὶ ὅσαι ταύταις παραπλήσιαι, λόγου τινὸς ἔχεσθαί φασιν, ὅπως ἂν ἡ τῶν ἀμαθεστέρων πτοίησις ὑπὸ τῶν ἐν ταύταις μελῳδιῶν καὶ ὀρχήσεων ἅμα παιδιαῖς ἐκκαθαίρηται. Secundo Iamblichus (nun schreibt er ohne weitere Bemerkung die bezügliche Stelle de Myst. I, 11, p. 22 aus von δυνάμεις bis βλάβης (s. oben S. 40); durch Versehen fehlt τῶν vor

---

*) [Von dieser Stelle des Aristides Quintilianus, in der ein Nachhall der aristotelischen Katharsis unter neuplatonischen Zuthaten vernehmlich wird, hat Lobeck hier nur den Hauptsatz berücksichtigt. Ausführlicher hat sie A. Döring, Kunstlehre des Aristoteles S. 332 behandelt und auch die von Lobeck wohl absichtslos hinter πτοίησις ausgelassenen Worte διὰ βίον καὶ τύχην besprochen. Der von Lobeck nicht ausgeschriebene neuplatonische Theil ist wohl folgendermaassen durch leichte Aenderung und gebesserte Interpunction lesbar zu machen: μελῳδίας δὲ ὁ λόγος ἀρχὴν φυσικωτάτην καὶ πρωτίστην τὸν ἐνθουσιασμὸν δείκνυσι· τὴν γὰρ δὴ ψυχὴν ἐπὶ τάδε ῥέψασαν (d. h. in der neuplatonischen Sprechweise: ‚zur Sinnenwelt herabgeglitten') ἀποβολῇ φρονήσεως οὐδὲν ἀλλ' ἢ ἐν ἀγνωσίᾳ καὶ λήθῃ διὰ τὸν σωματικὸν γινομένην κάρον ταράχου τε καὶ πτοήσεως ἐμπιπλαμένην παράφορον τέως (so statt τι ὡς) ἐν αὑτῷ τε τῆς γενέσεως καθίστασθαι χρόνῳ κἂν τῷ δεῦρο βίῳ κατά τινας περιόδους πλέον τε καὶ μεῖον παραπολαύειν (nämlich ταράχου καὶ πτοήσεως).]

ἐν ἡμῖν und mit Auslassung von βραχεῖς κτλ. heisst es εἰς ἐνεργείας δὲ προαγόμεναι). Is quidem loquitur de illis αἰσχρολογίαις πρὸς ἱεροῖς, quibus non Cerealia solum et Dionysia sed etiam aliorum deorum sacra perstrepebant. Zu den Worten de causis tragicae poesis disputat findet sich dann noch folgende Note: hunc sequutus Proculus in Polit. p. 360 et 362 comoediam et tragoediam ad ἀφοσίωσιν τῶν παθῶν refert. cf. Plutarch. Symp. L. III. Qu. 8, 2. 145. |

Soll es auf ‚Belesenheit' ankommen und auf die Gloriola Auseinanderliegendes zu combiniren, so macht es schwerlich einen Unterschied, ob man aus dieser zu ganz anderem Zwecke und in ganz anderem Zusammenhang auftretenden Citatenreihe Lobecks, oder aus der, bei Studien über Geschichte der Philosophie doch einmal unvermeidlichen, Lectüre des Jamblichos und Proklos die für Aristoteles brauchbaren Körnchen gewinnt. Dass man, ohne vorher selbständig die nöthigen Gesichtspunkte gefasst zu haben, mit jenen Lobeck'schen Citaten nichts für Aristoteles fördern kann, zeigt gleich Lobeck recht deutlich, da er ja was mir nach meiner Weise, und jetzt auch Ihnen nach der Ihrigen, für die Frage über Wirkung der Tragödie aufschlussreich wird, zu den aristotelischen causis tragicae poesis in Beziehung setzt; mit welchem Recht, mag hier unerörtert bleiben. Ja, vielleicht liefern Sie selbst einen ähnlichen Beweis; denn Sie hatten sicherlich Lobecks 1829 erschienenen Aglaophamus gelesen als Sie im Januar 1836 Ihre erste Abhandlung über die Poetik in der bayerischen Akademie vortrugen; dort gingen Sie schon auf die Katharsis näher ein, aber der Stelle des Proklos, von welcher sie doch jetzt zugestehen (S. 31), dass sie eine uns verlorene ‚weitere Darstellung der Lehre durch Aristoteles voraussetzt', thaten Sie keinerlei Meldung. Uebrigens war der in meinem knappen Vorrath eigener Bücher leider fehlende Aglaophamus mir nicht zur Hand als ich meine Arbeit abschloss, und ich erinnerte mich auch jener Citate nicht; sonst hätte ich es gewiss nicht unterlassen, die von mir nicht gefundene Stelle aus Plutarchs Tischfragen, die Lobeck nur in Zahlen anführt und die Sie mit gänzlichem Stillschweigen übergehen, unter dankbarer Erwähnung des Lobeck'schen Fingerzeiges für meinen Zweck auszubeuten. Ich will das also jetzt nachholen. Plutarch bespricht dort die in den aristotelischen Problemen 3, 2 aufgeworfene Frage, warum die Angetrunkenen ($\dot{\alpha}\varkappa\varrho o\vartheta\dot{\omega}\varrho\alpha\varkappa\varepsilon\varsigma$) mehr Unsinn treiben als die völlig Betrunkenen. Die Lösung, welche Aristoteles giebt, dass nämlich bei den Angetrunkenen das Urtheil und der Wille nur verwirrt aber nicht, wie bei den völlig Betrunkenen, gelähmt, jene daher noch zu einem, obzwar folgewidrigen, Handeln fähig, diese dagegen ganz stumpf seien — eine solche Lösung ist für Plutarch zu einfach. Er sucht nach anderen Erklärungen und sagt schliesslich, es möge wohl mit dem Wein wie mit so vielen anderen Stoffen sein, deren Wirkungen nach der Quantität verschieden und oft entgegengesetzt sind. So härte eine mässige Hitze den Thon, eine grosse Gluth bringe ihn in Fluss. Die erste Wirkung des abführenden Niesswurzes sei den Körper in unbehaglichen Aufruhr zu versetzen ($\dot{\alpha}\varrho\chi\dot{\eta}\nu\ \tau o\tilde{v}\ \varkappa\alpha\vartheta\alpha\acute{\iota}\varrho\varepsilon\iota\nu\ \H{\varepsilon}\chi\varepsilon\iota\ \tau\grave{o}\ \tau\alpha\varrho\acute{\alpha}\tau\tau\varepsilon\iota\nu\ \tau\grave{o}\nu\ \H{o}\gamma\varkappa o\nu$); nehme man weniger als die gehörige Dosis, so erfolge zwar die Unbehaglichkeit, aber keine Abführung. Ebenso bei Schlaftrunk. Die zu wenig Nehmenden werden aufgeregter als sie vorher waren; die mehr Nehmenden fallen in Schlaf. Und so sei es begreiflich, dass auch das Lärmen der Angetrunkenen, nachdem es den höchsten Grad erreicht, nachlasse und gerade das fortgesetzte Trinken des Weines zu dieser Beruhigung helfe; denn sein massenhaftes Einströmen in den Körper setze das tobsüchtige Gemüthselement von allen Seiten in Brand und zehre es auf. „So wie das Trauerlied und die Grabesflöte zuerst in leidenschaftliche Aufregung treiben und Thränen hervorlocken, aber, indem sie das Gemüth in Klage ausbrechen lassen, allmählich die Trauerkraft ausschöpfen und aufzehren (ὥσπερ ἡ θρηνῳδία καὶ ὁ ἐπικήδειος αὐλὸς ἐν ἀρχῇ πάθος κινεῖ καὶ δάκρυον ἐκβάλλει, προάγων δὲ τὴν ψυχὴν εἰς οἶκτον οὕτω κατὰ μικρὸν ἐξαιρεῖ (ἐξερᾷ?) καὶ ἀναλίσκει τὸ λυπητικόν), ähnlich sieht man es auch bei dem Wein, dass, nachdem er das sprudelnde und aufbrausende Element in heftige Unruhe und Aufwallung versetzt hat, er dann den Geist untertaucht und zum Stillstand bringt, so dass derselbe, je weiter er in den Rausch hineinkommt, desto mehr sich beruhigt'.

Diese Vergleichung der Wirkungen des kathartischen Niesswurzes mit dem beruhigenden Einfluss der die Trauer durch Ausschöpfung stillenden Flötentöne, zeigt so deutlich als man es nur wünschen kann, dass Plutarch sich, wenigstens als er jene Stelle schrieb, die medicinische Bedeutung der musikalischen Katharsis gegenwärtig erhalten hatte. Und ich begreife auch nicht wie Sie (S. 25) in einer anderen Stelle des Plutarch (Gastmal der sieben Weisen 13, p. 156 B), welche, allerdings an Aristoteles anlehnend, besagt „die Aufgabe der Musen sei παιδεύειν τὰ ἤθη καὶ παρηγορεῖν τὰ πάθη τῶν χρωμένων μέλεσι καὶ ἁρμονίαις' einen Beweis für die Einerleiheit von παιδεία und κάθαρσις finden können. Liesse Plutarch die ethische Wirkung der Musik mit der auf die Affecte gerichteten kathartischen zusammenfallen, so hätte er nicht so unverkennbar absichtlich das Verbum variirt. Er thut dies, weil er die Wirkungen der Musik, ganz im Sinn des Aristoteles, nach zwei verschiedenen Seiten auffasst, erstlich insofern sie den Charakter sittlich bildet (παιδεύειν τὰ ἤθη) entsprechend dem ἠθικόν des Aristoteles; und dann, entsprechend der aristotelischen κάθαρσις, insofern sie den Affecten, nicht eine Läuterung, sondern eine ‚Beschwichtigung (παρηγορεῖν τὰ πάθη)‘ verschafft, ein κουφίζεσθαι μεθ᾽ ἡδονῆς, wie es bei Aristoteles heisst. Dass παρηγορεῖν ‚beschwichtigen‘ bedeutet, bedarf keines Nachweises; und dass es auf medicinischem Gebiete als eigentliches Wort in diesem Sinne, z. B. für Beschwichtigung des Hustenreizes, bei Hippokrates vorkommt, ist zwar zu erinnern auch nicht gerade nöthig, aber eine Verweisung auf Foesius [und etwa noch auf die auserlesene Stellensammlung bei Salmasius zu Tertull. de pallio p. 289 ed. LB. 1656] kann wohl ebenso wenig etwas schaden*).

---

*) [Spengel's Antwort auf diesen Brief steht im Rheinischen Museum Bd. 15 (1860) S. 458. Vgl. daselbst S. 606.]

Ergänzung zu Aristoteles' Poetik.

(Zuerst erschienen im neuen Rheinischen Museum für Philologie
Bd. 8, Jahrgang 1853, S. 561—596.)

Wie weit auch die Meinungen über die aristotelische Poetik auseinandergehen, darüber kann kein Zweifel sein, dass eine ausführlichere Behandlung als jetzt vorliegt der Komödie zugedacht war und auch zu Theil geworden ist. Die Anfangsworte des Buches verheissen ein Eingehen auf alle Arten der Poesie, und wer einer solchen allgemeinen Verheissung gegenüber noch Winkelzüge sich erlauben wollte, wird doch weder das ausdrückliche, in unserer Poetik nicht eingelöste Versprechen zu Anfang des sechsten Capitels (περὶ κωμῳδίας ὕστερον ἐροῦμεν p. 1449 b 22) wegzuklügeln noch zu leugnen gesonnen sein, dass die Citate in der Rhetorik (1 c. 11 p. 1372 a 1 διώρισται δὲ περὶ γελοίων χωρὶς ἐν τοῖς περὶ ποιητικῆς; 3 c. 18 p. 1419 b 5 εἴρηται πόσα εἴδη γελοίων ἐστὶν ἐν τοῖς περὶ ποιητικῆς) sich nur auf eine umfangreichere Ausführung über Komödie beziehen können als im vierten und fünften Capitel der Poetik enthalten ist. Denn da wird (p. 1449 a 34) blos gelegentlich eine nicht weiter entwickelte Definition des Lächerlichen überhaupt (τοῦ γελοίου) gegeben, keine Aufzählung und anordnende Eintheilung der Arten des Lächerlichen, wie sie die Rhetorik citirt.

Der Verlust also ist sicher; wie er entstanden, kann nur im Zusammenhange mit den vielen anderen kritischen

Fragen über den jetzigen Zustand der Poetik erörtert werden; hier sei es versucht, ihn in einem nicht unwesentlichen Theile zu ersetzen.

Cramer hat als Anhang zum ersten Bande seiner Pariser Anekdota aus einer Coislinianischen Handschrift*) einige griechische Sätze mitgetheilt, die dann bei Meineke (fragmm. comm. graec. 2 p. 1254 ed. maior.), in der Didot'schen Scholiensammlung zu Aristophanes (prolegomm. X d) und vor Bergk's Ausgabe des Aristophanes (prolegomm. XI) nach dem Cramer'schen Text wiederholt worden sind**). [Sie folgen hier mit den Absätzen und in der Schematenform, wie sie Cramer in allem Wesentlichen mit der Handschrift übereinstimmend giebt. Der bei Cramer vorliegende Wortlaut jedoch, welchen wie die eben genannten Gelehrten so auch ich beim ersten Erscheinen dieser Arbeit zu Grunde legen musste, leidet, wie sich jetzt herausstellt, an mehrfachen, durch Nachlässigkeit der Abschrift oder des Abdrucks entstandenen Auslassungen und sonstigen Fehlern;

---

*) 'Inter varia logica schemata reperta sunt antiquissimo Codice Coisliniano 120, qui est membranaceus form. in fol. et saeculo decimo pulcherrima manu scriptus. Codicis major pars quaestiones Anastasii theologicas refert, tum Andronici Rhodii philosophi Peripatetici tractatum de Animi Affect. in fine mutilum, dein quaedam Chronologica et fol. 230 Commentarium in praedicamenta Porphyrii. Fol. 237 Περὶ εἴδους· φησίν ὁ Εὐριπίδης περὶ Φοίνικος τινός (Stob. Tit. 65, 1) πρῶτον μὲν εἶδος ἄξιον τυραννίδος. Postea varia Logica schemata, quibus interposita sunt medio fol. 248 vers. inter τέλος τοῦ α σχήματος et πρῶτος τρόπος ἐν β σχήματι, quae de Comoedia exscripsi'. Cramer.

**) [Auch von Vahlen in seiner zweiten Ausgabe der aristotelischen Poetik, Berlin 1874, p. 77.]

diese zu ergänzen und zu berichtigen bin ich in den Stand gesetzt durch ein mit grösster Sorgfalt angefertigtes Facsimile der Handschrift, welches ich der zuvorkommenden Güte des Herrn Professors M. Bonnet in Paris verdanke.]

§. 1.

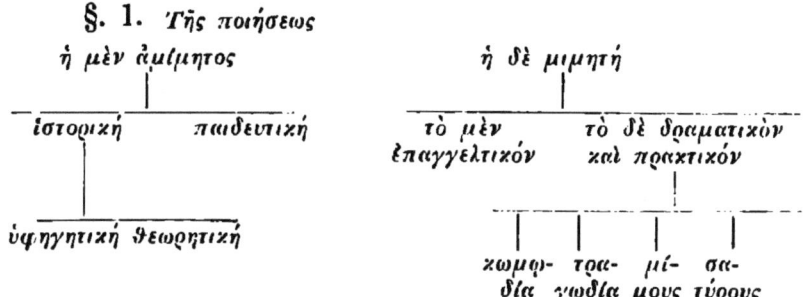

ἡ τραγῳδία ὑφαιρεῖ τὰ φοβερὰ παθήματα τῆς ψυχῆς δι' οἴκτου καὶ δέους*), καὶ ὅτι συμμετρίαν θέλει ἔχειν τοῦ φόβου. ἔχει δὲ μητέρα τὴν λύπην.

§. 2. Κωμῳδία ἐστὶ μίμησις πράξεως γελοίου καὶ ἀμοίρου μεγέθους τελείου, χωρὶς ἑκάστου τῶν μορίων ἐν τοῖς εἴδεσι δρῶντος καὶ δι' ἀπαγγελίας, δι' ἡδονῆς καὶ γέλωτος περαίνουσα τὴν τῶν τοιούτων παθημάτων κάθαρσιν. ἔχει δὲ μητέρα τὸν γέλωτα. Γίνεται δὲ ὁ γέλως

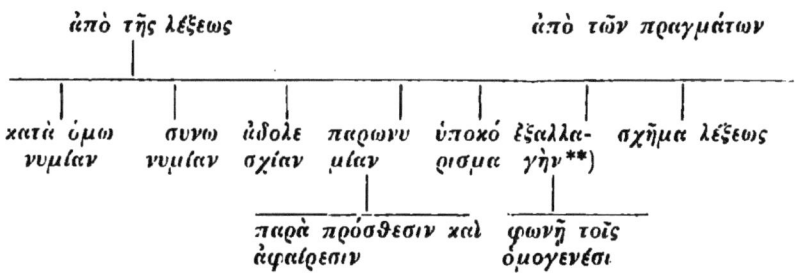

―――――
*) [Die Wörter καὶ δέους fehlen bei Cramer.]
**) [So die Handschrift, wie auch bereits Bergk in seiner

§. 3. ὁ ἐκ τῶν πραγμάτων γέλως

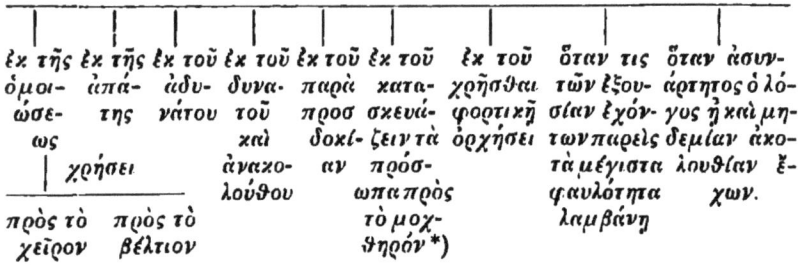

§. 4. Διαφέρει ἡ κωμῳδία τῆς λοιδορίας· ἐπεὶ ἡ μὲν λοιδορία ἀπαρακαλύπτως τὰ προσόντα κακὰ διέξεισιν, ἡ δὲ δεῖται τῆς καλουμένης ἐμφάσεως.

§. 5. Ὁ σκώπτων ἐλέγχειν θέλει ἁμαρτήματα τῆς ψυχῆς καὶ τοῦ σώματος.

§. 6. Σύμμετρα τοῦ φόβου θέλει εἶναι ἐν ταῖς τραγῳδίαις καὶ τοῦ γελοίου ἐν ταῖς κωμῳδίαις.

§. 7. Κωμῳδίας ὕλη

μῦθος	ἦθος	διάνοια	λέξις	μέλος	ὄψις

Μῦθος κωμικός ἐστιν ὁ περὶ γελοίας πράξεις ἔχων τὴν σύστασιν.

Ἤθη κωμῳδίας τά τε βωμολόχα καὶ τὰ εἰρωνικὰ καὶ τὰ τῶν ἀλαζόνων.

---

zweiten Ausgabe des Aristophanes (1857) statt Cramer's ἐξαναλλαγήν vorgeschlagen hatte.]

*) [Dieses ganze sechste Glied der Reihe ist bei Cramer spurlos verschwunden. Statt πρόσωπα steht in der Handschrift der Schreibfehler προσαπα.]

Διανοίας μέρη δύο· γνώμη καὶ πίστις

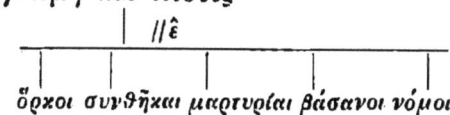

ὅρκοι συνθῆκαι μαρτυρίαι βάσανοι νόμοι

Κωμική ἐστι λέξις κοινὴ καὶ δημιώδης.

Δεῖ τὸν κωμῳδοποιὸν τὴν πάτριον αὐτοῦ γλῶσσαν τοῖς προσώποις περιτιθέναι, τὴν δὲ ἐπιχώριον αὐτῷ ἐκείνῳ.

Μέλος τῆς μουσικῆς ἔστιν ἴδιον· ὅθεν ἀπ' ἐκείνης τὰς αὐτοτελεῖς ἀφορμὰς δεήσῃ λαμβάνειν.

Ἡ ὄψις μεγάλην χρείαν τοῖς δράμασι τὴν συμφωνίαν παρέχει.

Ὁ μῦθος καὶ ἡ*) λέξις καὶ τὸ μέλος ἐν πάσαις κωμῳδίαις θεωροῦνται, διάνοιαι δὲ καὶ ἦθος καὶ ὄψις ἐν ὀλίγαις. |

§. 8. ΜΈΡΗ ΤῆΣ ΚΩΜΩΙΔΊΑΣ ΤΈΣΣΑΡΑ

πρόλογος	χορικόν	ἐπεισόδιον	ἔξοδος

Πρόλογός ἐστιν μόριον κωμῳδίας τὸ μέχρι τῆς εἰσόδου τοῦ χοροῦ.

Χορικόν ἐστι τὸ ὑπὸ τοῦ χοροῦ μέλος ᾀδόμενον ὅταν ἔχῃ μέγεθος ἱκανόν.

Ἐπεισόδιόν ἐστι τὸ μεταξὺ δύο χορικῶν μελῶν.

Ἔξοδός ἐστι τὸ ἐπὶ τέλει λεγόμενον τοῦ χοροῦ.

ΤῆΣ ΚΩΜΩΙΔΊΑΣ

παλαιὰ	νέα	μέση
ἡ πλεονά-	ἡ τοῦτο μὲν	ἡ ἀπ' ἀμ-
ζουσα τῷ	προιεμένη	φοῖν με-
γελοίῳ	πρὸς δὲ τὸ	μιγμένη
	σεμνὸν ῥέ-	
	πουσα	

---

*) [ἡ fehlt bei Cramer.]

Eine Reihe stilistisch meistens gar nicht verbundener Sätze, nur durch diese Einheit zusammengehalten, dass sie alle sich mit der Lehre von Komödie befassen, von Tragödie und den anderen Dichtungsarten nur so viel sagen als zum Contrast unentbehrlich schien, und zu Aristoteles' Poetik, deren Stichwörter überall hervorblicken, in Beziehung stehen. In welcher Beziehung, ob alle Sätze in gleich naher, kann nur die Durchmusterung des Einzelnen lehren.

Da ist nun der Anfang des ersten Paragraphen wenig ermuthigend. In der ganzen schematischen Eintheilung der poetischen Gattungen ist nichts irgendwie aristotelisch, als die zum dritten Capitel der Poetik stimmende Unterabtheilung der ‚nachahmenden Dichtung' in ‚erzählende'*) (epische) und ‚handelnde' (dramatische). Aber selbst hierin liegt ein Verstoss gegen Aristoteles. Ihm ist Poesie so wesentlich nachahmend, dass in der scharfen Terminologie einer Eintheilung von ‚nachahmender Poesie' zu reden er so wenig gestatten kann wie von feurigem Feuer. Der Schematiker freilich musste es sich gestatten, weil er neben die nachahmende als gleichberechtigte Hauptgattung eine ‚nicht nachahmende (ἀμίμητος)' Poesie stellt. Damit schlägt er aber der aristotelischen Lehre so derb ins Angesicht, dass er aufhört uns hier zu kümmern, und es kaum noch besonders hervorzuheben ist, wie seine ‚theoretische Poesie' ja keine andere sein kann, als die physiologisch-didak-

---

*) [Statt ἐπαγγελτικόν bessert Bergk in seiner zweiten Ausgabe des Aristophanes (1857) ἀπαγγελτικόν. Ebendaselbst weist er die Unterabtheilung ὑφηγητική θεωρητική der παιδευτική zu.]

tische, ein Feld, das Niemand mit grösserem Ruhm angebaut als gerade Empedokles, von welchem doch Aristoteles (c. 1 p. 1447 b 19) ausdrücklich sagt, dass man ihn nur einen Naturphilosophen nennen dürfe, Dichter könne | er nicht heissen, weil er nicht nachahme. — Ausser diesem Schema, mit welchem wohl irgend ein Klügling dem vermeintlichen Mangel der aristotelischen, das Lehrgedicht ausschliessenden, Eintheilung abzuhelfen gedachte, finden sich in dem ersten Paragraphen noch drei Sätzchen, werthlos für die richtige Erkenntniss der aristotelischen Lehre, aber zum Theil nicht ohne Interesse für die so wechselvolle und anziehende Geschichte der Auffassung derselben. [Bei dem ersten Sätzchen freilich: ‚die Tragödie hebt die Furchtempfindungen durch Mitleid und Furcht auf (ἡ τραγῳδία ὑφαιρεῖ τὰ φοβερὰ παθήματα δι' οἴκτου καὶ δέους)‘ sucht man vergeblich nach einem vernünftigen Grunde, weshalb das ‚Aufheben‘, abweichend von Aristoteles, blos auf die ‚Furchtempfindungen‘ beschränkt wird. Das ὑφαιρεῖ giebt sich als eine nichts fördernde Umschreibung von Katharsis zu erkennen, und während Aristoteles immer nur von tragischen ἔλεος und φόβος redet, hat der gedankenlose Verfertiger dieses Satzes dafür οἶκτος und δέος gesetzt, nach der bekannten Unart solcher Nichtdenker, die ihre Selbständigkeit dadurch zu bekunden glauben, dass sie die Ausdrücke des Schriftstellers, von dem sie abhängen, mit verwandten vertauschen.] — Dagegen ist das folgende Sätzchen (ὅτι [ἡ τραγῳδία] συμμετρίαν θέλει ἔχειν τοῦ φόβου) mit dem Zeichen des Excerpts (ὅτι) an der Spitze, wenn es auch nichts Neues lehrt, doch vollkommen im Sinne des

Aristoteles gehalten. Denn freilich ‚will die Tragödie eine Symmetrie der Furcht haben', nämlich ein Ebenmaass der Furcht mit dem Mitleid. Die Furcht darf sich nicht zur Betäubung steigern, bei der eine reflectirende Empfindung wie Mitleid nicht bestehen kann; sie darf nicht, nach Aristoteles' (Rhet. 2 c. 8 p. 1386 a 22) Ausdruck, ἐκκρουστικὸν τοῦ ἐλέου werden. — Endlich geben die vier letzten Worte des Paragraphen (ἔχει δὲ [ἡ τραγῳδία] μητέρα τὴν λύπην) ein lehrreich warnendes Beispiel, wie ein Commentator durch scheinbar vernünftiges Verfahren aus seinem Autor das gerade Gegentheil von dem herausfolgern kann, was er meint. Mit einer Metapher, die im Griechischen und zumal auf aristotelischem Gebiet wo möglich noch geschmackloser ist als im Deutschen, besagen sie ‚die Tragödie habe die Unlust zur Mutter'. Wie ist der gute Unbekannte hierauf gerathen? Die aristotelische Rhetorik, in der er sich auch sonst noch wohlbeschlagen erweist, verführte ihn. Dort fand er die beiden der Tragödie nach Aristoteles zukommenden Empfindungen, ἔλεος und φόβος, folgendermassen definirt: 2 c. 8 p. 1385 b 13 ἔστω δὴ ἔλεος λύπη τις ἐπὶ φαινομένῳ κακῷ φθαρτικῷ καὶ λυπηρῷ τοῦ ἀναξίου τυγχάνειν κτλ.; c. 5 p. 1382 a 21 ἔστω δὴ φόβος λύπη τις ἢ ταραχὴ ἐκ φαντασίας μέλλοντος κακοῦ φθαρτικοῦ ἢ λυπηροῦ, beide also als verschiedene Arten der λύπη, und er glaubte nun mit vollem logischen Recht den beiden gemeinsamen Gattungsbegriff, eben die λύπη, der auf ihnen beruhenden Tragödie als erste Grundlage zuweisen zu dürfen. Dies bedachte er dabei nicht, dass Aristoteles an zwei Stellen der Poetik (c. 14 p. 1453 b 11;

c. 26 p. 1462 b 13) von der Tragödie eine ἡδονή, mithin das Widerspiel von λύπη, verlangt und dass ihr in der Politik (8 c. 7 p. 1342 a 16), mit einem für die Erklärung der Katharsis bedeutsamen Wink, das Erwecken einer ‚unschädlichen Freude (χαρὰ ἀβλαβής)‘ zugeschrieben wird. Angesichts so bestimmter Aeusserungen muss des Commentators ‚Unlust, die Mutter der Tragödie‘ als ein grobes Missverständniss erscheinen, das jedoch, so grob es ist, aufgedeckt zu werden verdiente, weil es gerade den Punkt trifft, der in unserer Poetik am schutzlosesten dem Missverständniss ausgesetzt und auch meistens verfallen ist. Denn leugnen lässt sich ja nun einmal nicht, dass in der Rhetorik, deren Definitionen, wie schon Lessing erkannte, sonst überall der Poetik zu Grunde liegen, Mitleid und Furcht Unlustempfindungen sind, und dennoch soll durch Erregung derselben die Tragödie Lust bewirken — ein Widerspruch, für den es auf formal logischem Wege keine Lösung giebt. Aufgehoben konnte er nur werden in der für uns verlorenen*), näheren Auseinandersetzung über Katharsis, indem dort die einseitige Bestimmung jener Empfindungen als Arten der Unlust fallen gelassen, beide vielmehr als in ihrem Wesen aus Lust und Unlust gemischte aufgezeigt wurden, wie es der platonische Philebus (p. 48) für alle gewöhnlich in Lust und Unlust geschiedene Empfindungen in so ergreifender Weise durchführt. Die Ansätze zu dieser tieferen Auffassung liegen selbst in der übrigens ja absichtlich populär gehaltenen

---

*) [S. oben S. 2 und 17.]

Rhetorik deutlich genug vor*), und von da aus konnte dann Aristoteles dahin gelangen, Mitleid und Furcht in solchen Mischungsverhältnissen**) durch die Tragödie er-

---

*) Rhet. 2 c. 2 p. 1378 a 31 wird ὀργή definirt: ὄρεξις μετὰ λύπης τιμωρίας κτλ. während früher (1 c. 11. p. 1370 b 10) anerkannt war: τὸ ὀργίζεσθαι ἡδύ und ebenso p. 1378 b 1 ἀνάγκη πάσῃ ὀργῇ ἕπεσθαί τινα ἡδονήν, beidemal unter Hinweisung auf den homerischen Vers (Il. 18, 109) ὅστε πολὺ γλυκίων μέλιτος καταλειβομένοιο, den auch Plato (Phileb. 48 a) zu diesem Zweck anführt. — Ferner p. 1370 a 25: ἐν τοῖς πένθεσι καὶ θρήνοις ἐγγίγνεταί τις ἡδονή, ebenfalls mit Erinnerung an einen homerischen Vers, Il. 23, 108 ὣς φάτο, τοῖσι δὲ πᾶσι ὑφ' ἵμερον ὦρσε γόοιο, woraus man nebenbei erkennt, dass die Griechen hier nicht an ein blosses ‚Verlangen zu seufzen' sondern an ‚Seufzerwonne' dachten. Ueberhaupt scheinen die Griechen früh auf die gemischte Natur der Empfindungen aufmerksam geworden zu sein, und das δακρυόεν γελάσασα (Il. 6, 484) hat, so sentimental es ist, doch nur einen trügerischen Anstrich des Modernen; ähnliche Verbindung der Gegensätze ist auch Odyss. 19, 471 τὴν δ' ἅμα χάρμα καὶ ἄλγος ἕλε φρένα, und nach Xenophon (Hellen. 7, 2, 9) scheint das Compositum κλαυσίγελως in sprichwörtlichem Gebrauch gewesen zu sein.

**) Lessing an Mendelssohn, 2. Febr. 1757 (12, 86 Maltz.): ‚Darinn sind wir doch wohl einig, l. F., dass alle Leidenschaften entweder heftige Begierden oder heftige Verabscheuungen sind? Auch darinn: dass wir uns bei jeder heftigen Begierde oder Verabscheuung, eines grössern Grads unserer Realität bewusst sind und dass dieses Bewusstsein nicht anders als angenehm sein kann? Folglich sind alle Leidenschaften, auch die allerunangenehmsten, als Leidenschaften angenehm. Ihnen darf ich es aber nicht erst sagen: dass die Lust, die mit der stärkern Bestimmung unserer Kraft verbunden ist, von der Unlust, die wir über die Gegenstände haben, worauf die Bestimmung unsrer Kraft geht, so unendlich kann überwogen werden, dass wir uns ihrer gar nicht mehr bewusst sind'; — und ebenso, wie dort weiter ausgeführt ist, kann die durch den Gegenstand erregte Unlust von der Lust, die in der stärkeren Beregen zu lassen, dass das Element der Unlust, das Gefühl des verkümmerten Daseins, verschwinden müsse vor dem Element der Lust, dem ‚vollempfundenen Sichversetzen in die Realität des eigenen Wesens' (ἡδονὴ [ἐστι] κατάστασις ἀθρόα καὶ αἰσθητὴ εἰς τὴν ὑπάρχουσαν φύσιν, λύπη δὲ τοὐναντίον Rhet. 1 c. 11 init.). — Doch auch dieses Wenige könnte vielleicht schon zu viel gesagt sein, da für Alles, was die Erörterung jenes wichtigsten Punktes der Poetik verlangt, an so gelegentlichem Orte ja nicht Raum ist. Kehren wir zu unserem Unbekannten zurück.

In den Anfangsworten des folgenden Paragraphen glaubt man beim ersten Blick einen köstlichen Schatz zu entdecken. Eine in unserer Poetik so schmerzlich vermisste Definition der Komödie, möglicherweise aus aristotelischer Quelle! Leider erscheint schon beim zweiten Blick der Kohlenschatz, wie die Griechen sagen, in voller Schwärze. Diese seinsollende Definition der Komödie ist nichts als eine jämmerlich ungeschickte Travestie der aristotelischen von der Tragödie. Die blosse Nebeneinanderstellung zeigt es auf das Deutlichste:

---

stimmung der Kraft liegt, zu einem Minimum herabgedrückt werden. — Hätte Lessing zehn Jahre später, als er die Dramaturgie schrieb, diesen Gedankengang eingeschlagen, so wäre er zu einer ganz andern und viel richtigeren, nicht zu seiner moralischen sondern zu einer psychologischen Auffassung der aristotelischen Katharsis geführt worden. Es ist dies nicht das einzige Mal, dass Lessing in seinen früheren Briefen seine späteren Schriften übertrifft. [S. die vorhergehende Abhandlung über ‚Wirkung der Tragödie.']

Aristot. Poet. c. 6 p. 1449 b 24.

ἔστιν οὖν τραγῳδία μίμησις πράξεως σπουδαίας καὶ τελείας, μέγεθος ἐχούσης, ἡδυσμένῳ λόγῳ χωρὶς ἑκάστῳ τῶν εἰδῶν ἐν τοῖς μορίοις, δρώντων καὶ οὐ δι' ἀπαγγελίας, δι' ἐλέου καὶ φόβου περαίνουσα τὴν τῶν τοιούτων παθημάτων κάθαρσιν.

Anonymus §. 2.

κωμῳδία ἐστὶ μίμησις πράξεως γελοίου καὶ ἀμοίρου μεγέθους τελείου, χωρὶς ἑκάστου τῶν μορίων ἐν τοῖς εἴδεσι, δρῶντος καὶ δι' ἀπαγγελίας, δι' ἡδονῆς καὶ γέλωτος περαίνουσα τὴν τῶν τοιούτων παθημάτων κάθαρσιν.

Jedermann muss sehen, dass γέλως, eine Unterart der ἡδονή, nicht mit dieser auf gleiche Linie kann gestellt werden*), ferner dass ἡδονή auch der Tragödie zukommt (wie die oben S. 142 und 143 angeführten Stellen bezeugen), also keine unterscheidende Eigenthümlichkeit der Komödie abgiebt, — kurz das ganze Machwerk beweist nur, dass der Verfertiger desselben in seinem Exemplar der Poetik eben so wenig wie wir in dem unsrigen eine aristotelische Definition der Komödie vorfand. Die zum Ersatz des Mangels gefertigte verräth durchweg so wenig Sinn**), [dass man

---

*) Wohl aber heisst es in der Schrift περὶ ὕψους c. 38, 5 ganz richtig: ὁ γέλως πάθος ἐν ἡδονῇ, was dann mit dem glanzvollen Tiefsinn, den man dort so oft bewundern muss, zur Beurtheilung der komischen Uebertreibung angewendet wird.

**) Und eben so wenig Sinn zeigt die Definition in dem Stück περὶ κωμῳδίας (prolegg. de com. vor Bergk's Aristophanes VIII, §. 12): ἔστι δὲ ἡ κωμῳδία μίμησις πράξεως καθαρωτέρας παθημάτων, συστατικὴ τοῦ βίου, διὰ γέλωτος καὶ ἡδονῆς τυπουμένη, wo in dem καθαρωτέρας die aristotelische Katharsis spukt. Das συστατικὴ τοῦ βίου kehrt

ihrem Urheber wohl auch die Sinnlosigkeit zutrauen kann, er habe der Komödie eine πρᾶξις ἄμοιρος μεγέθους τελείου, ‚ein des vollständigen Umfangs entbehrendes Sujet' blos deshalb beigelegt*), weil Aristoteles für die Tragödie das Gegentheil, nämlich πρᾶξις τελεία, μέγεθος ἔχουσα, fordert.] — Wenn nun in Anschluss an diese verunglückte Definition der seltsame Mann, wie er die λύπη zur μήτηρ der Tragödie gemacht hat, sogar τὸν γέλωτα als μήτηρ der Komödie aufführt: so wird man ihm ein solches Geschlechterversehen nicht zu streng anrechnen wollen, da er im Verlauf des zweiten und im dritten Paragraphen Anrecht auf unsere Dankbarkeit erwirbt. Die Besprechung dieses lohnendsten Theiles muss jedoch noch eine Weile anstehen, bis aus allem Uebrigen ein genügender Einblick in Werth oder Unwerth des ganzen Stückes gewonnen worden.

Da bietet sich denn in §. 4—6 eine Reihe von Regeln über das komische γελοῖον dar, die unsere Poetik nirgends in solcher Schärfe aufstellt, wenngleich dort und in anderen

---

§. 28 wieder in der tollen Antithese: τέλος δὲ τραγῳδίας μὲν λύειν τὸν βίον, κωμῳδίας δὲ συνιστᾶν αὐτόν, zu welcher ein früherer Grammatiker Anlass gegeben haben mag mit Aeusserungen solcher Art wie die des Dionysius Thrax (Bekker Anecd. 629): τὴν μὲν τραγῳδίαν ἡρωϊκῶς ἀναγιγνώσκομεν, τὴν δὲ κωμῳδίαν βιωτικῶς. Der Scholiast (Bekker. ibid. 747) führt zwei Auslegungen dieses βιωτικῶς an, eine verkehrte (‚βιωτικῶς‘ λέγεται, τουτέστιν ἱλαρῶς, ὡς ἂν εὔξαιτό τις βιῶναι, ἀντὶ τοῦ ἐν ἡδονῇ καὶ γέλωτι) und die richtige (ἢ ‚βιωτικῶς‘ κατὰ μίμησιν τοῦ βίου).

*) [Diese Erklärung von ἀμοίρου μεγέθους hat Vahlen in seiner zweiten Ausgabe der Poetik (1874) p. 77 gegeben. Früher war von Bergk und mir in ἀμοίρου ein Schreibfehler vermuthet worden.]

aristotelischen Schriften die Ausgangspunkte zu denselben hinreichend angedeutet sind. Sie sollen dem Komischen den Charakter des heiteren Spasses wahren, es abscheiden von dem groben, nackten Schimpfen, von dem persönlich bitteren Spott; um aristotelisch zu reden: sie sollen die Komödie entfernen von der $\iota\alpha\mu\beta\iota\varkappa\grave{\eta}$ $\iota\delta\acute{\epsilon}\alpha$ (poet. c. 5 p. 1449 b 8; c. 9 p. 1451 b 14). Und gerade der Einwand, welcher von empirischer Seite gegen diese Regeln zu erheben ist, dass sie nämlich für die alte Komödie zu eng sind, muss ihnen die Gewähr aristotelischer Theorie verleihen. Denn dies kann keinem Aufmerkenden entgehen, dass Aristoteles bei dem entscheidenden Gewicht, das er auf straffe Verknüpfung des Süjets zur Einheit legt, bei der Strenge mit welcher er nur allgemeine ($\varkappa\alpha\vartheta\acute{o}\lambda o\upsilon$) Charaktere als wahrhaft poetische Gestalten anerkennt, nothwendig dahin kommen musste, die mittlere und was ihm etwa von der neuen Komödie noch bekannt wurde, als Gattung hoch über die alte zu stellen. Spricht sich doch diese Vorliebe an den zwei Stellen, welche den Unterschied von älterer und späterer Komödie berühren, auch ganz unumwunden aus, erstlich in den von Lessing (Dramaturgie St. 89—91) erledigten Worten der Poetik (c. 9 p. 1451 b 11—15), und dann, mit ausdrücklicher Nennung des Gegensatzes, in der nikomachischen Ethik 4 c. 14 p. 1128 a 20: $\dot{\eta}$ $\tau o\tilde{\upsilon}$ $\dot{\epsilon}\lambda\epsilon\upsilon\vartheta\epsilon\rho\acute{\iota}o\upsilon$ $\pi\alpha\iota\delta\iota\grave{\alpha}$ $\delta\iota\alpha\varphi\acute{\epsilon}\rho\epsilon\iota$ $\tau\tilde{\eta}\varsigma$ $\tau o\tilde{\upsilon}$ $\dot{\alpha}\nu\delta\rho\alpha\pi o\delta\omega\delta o\upsilon\varsigma$ $\varkappa\alpha\grave{\iota}$ $\alpha\tilde{\upsilon}$ $\tau o\tilde{\upsilon}$ $\pi\epsilon\pi\alpha\iota\delta\epsilon\upsilon\mu\acute{\epsilon}\nu o\upsilon$ $\varkappa\alpha\grave{\iota}$ $\dot{\alpha}\pi\alpha\iota\delta\epsilon\acute{\upsilon}\tau o\upsilon$. $\ddot{\iota}\delta o\iota$ δ' $\ddot{\alpha}\nu$ $\tau\iota\varsigma$ $\varkappa\alpha\grave{\iota}$ $\dot{\epsilon}\varkappa$ $\tau\tilde{\omega}\nu$ $\varkappa\omega\mu\omega\delta\iota\tilde{\omega}\nu$*) $\tau\tilde{\omega}\nu$ $\pi\alpha\lambda\alpha\iota\tilde{\omega}\nu$ $\varkappa\alpha\grave{\iota}$ $\tau\tilde{\omega}\nu$ $\varkappa\alpha\iota\nu\tilde{\omega}\nu\cdot$ $\tau o\tilde{\iota}\varsigma$ $\mu\grave{\epsilon}\nu$ $\gamma\grave{\alpha}\rho$ $\tilde{\eta}\nu$

---

*) Meineke (fragmm. comm. I p. 273) will statt $\varkappa\omega\mu\omega\delta\iota\tilde{\omega}\nu$

γελοῖον ἡ αἰσχρολογία, τοῖς δὲ μᾶλλον ἡ ὑπόνοια· διαφέρει δ' οὐ μικρὸν ταῦτα πρὸς εὐσχημοσύνην. ("Der Scherz des Freien ist verschieden von dem des Unfreien und wiederum der des Gebildeten und Ungebildeten. Man kann das aus dem Vergleich der alten und neuen Komödien sehen. Dort suchte man das Lächerliche in schändlichen Reden, hier mehr in verhülltem Ausdruck. Der Unterschied dieser zwei Weisen für den Anstand ist nicht gering'). Von dieser Stelle der Ethik aus ist der Schritt nicht weit zu der in §. 4 von dem Unbekannten gegebenen Unterscheidungsregel: ‚Die Komödie unterscheidet sich von der Schmähung (λοιδορία), indem die Schmähung unverhüllt das an einer Person vorhandene Schlechte durchnimmt, die Komödie hingegen der sogenannten Emphasis bedarf' d. h. der von den späteren Rhetoren sogenannten, bei welchen ἔμφασις eine Redewendung bedeutet, die etwas anderes oder mehr durchscheinen lässt als sie sagt*). Aber soll man dem Unbekannten zutrauen, dass er diesen immerhin nicht weiten, jedoch keinesfalls unbedeutenden Schritt aus eigener Kraft gethan? Schon zu λοιδορία ist ein Uebergang von der αἰσχρολογία der Ethik, da dort, dem ganzen

---

lesen κωμῳδῶν; ich finde es leichter in τοῖς μὲν den bei Aristoteles so häufigen Wechsel des Genus anzunehmen, als κωμῳδός für κωμῳδοποιός und καινός von Menschen statt νεώτερος gelten zu lassen.

*) Tiberius περὶ σχημάτων (Walz, Rhett. 8, 543): ἔμφασίς ἐστιν ὅταν μὴ αὐτό τις λέγῃ τὸ πρᾶγμα, ἀλλὰ δι' ἑτέρων ἐμφαίνῃ; Trypho περὶ τρόπων (Walz, ibid. 8, 746): ἔμφασίς ἐστι λέξις δι' ὑπονοίας αὐξάνουσα τὸ δηλούμενον.

Zusammenhange nach und nach Vergleichung von Politic.*) 7,[4] c. 17 unzüchtige Reden weit mehr noch als Schmähungen zu verstehen sind. Und ferner darf es wohl nach allem von Aristoteles Bekannten für sehr wahrscheinlich gelten, dass er das Verhüllte der mittleren Komödie auch für das in Komödie überhaupt Richtige erklärte, ein späterer Grammatiker aber konnte nur sagen und auch aus der Stelle der Ethik nur dies entnehmen, dass der nackte Ausdruck Eigenthümlichkeit der einen, der verhüllte, Eigenthümlichkeit der anderen Art von Komödie sei, wie denn wirklich die übrigen, aus eigenem Munde redenden Grammatiker nur so sprechen**). Demnach steht nichts Triftiges der Annahme entgegen, dass die vorliegende Unterscheidung zwischen λοιδορία und κωμῳδία ihrem Gehalt nach aus einer verlorenen Stelle der Poetik herstamme, und auch die wörtliche Fassung zeigt nichts Unaristotelisches ausser der späten ἔμφασις, wofür Aristoteles wohl ὑπόνοια, wie in der Ethik, wird gesetzt haben. — Ebenfalls gegen die alte

---

*) p. 1336 b 4 αἰσχρολογίαν ἐκ τῆς πόλεως .... δεῖ τὸν νομοθέτην ἐξορίζειν· ἐκ τοῦ γὰρ εὐχερῶς λέγειν ὁτιοῦν τῶν αἰσχρῶν γίνεται καὶ τὸ ποιεῖν σύνεγγυς, und deshalb, heisst es weiter (1336 b 20), τοὺς νεωτέρους οὔτ' ἰάμβων οὔτε κωμῳδίας θεατὰς νομοθετητέον, wo, wie schon das nebenstehende ἰάμβων zeigt, nur die alte Komödie gemeint ist, und Galen hatte wohl vornehmlich dieses Verbot des Aristoteles besprochen in der Schrift εἰ χρήσιμον ἀνάγνωσμα τοῖς παιδευομένοις ἡ παλαιὰ κωμῳδία (de propr. libr. c. 18, vol. 19 p. 48 ed. Kühn.) — Meineke (fragmm. comm. 1 p. 273) will in der Stelle der Ethik unter αἰσχρολογία nur unverhülltes Schimpfen, nicht verborum obscenitas verstehen.

**) Meineke a. a. O. führt die Stellen an.

Komödie mit ihrem verwundenden Spott ist §. 5 gerichtet, scheinbar nichts weiter als eine Definition von σκώπτειν: ‚Der Spottende will von Fehlern des Gemüths und des Körpers überführen (ἐλέγχειν)' — | welcher Begriffserklärung man jedoch, nach Anleitung von Eth. N. 4 c. 14 p. 1128 a 26, 27, getrost die Anwendung geben darf, dass im Gegensatz zu einem solchen nur die Schwächen der Menschen blosslegenden, auf nichts als auf Ueberführen ausgehenden und daher unerfreulichen Spott, der wahrhaft komische Scherz sich mit den menschlichen Unvollkommenheiten heiter spielend, ‚nie verletzend, ja in möglichst ergötzlichster Weise', zu befassen habe. — Und endlich in §. 6 eine allgemeine, die früheren Bestimmungen zusammenfassende Regel: ‚Wie in der Tragödie eine Symmetrie der Furcht so soll in der Komödie eine Symmetrie*) des Lächerlichen sein', nämlich wie in der Tragödie ein Ebenmaass von φόβος zu ἔλεος verlangt wurde, so muss die Komödie ein Ebenmaass von γέλως zu τέρψις haben, sie muss das Lachen in die Grenzen des heiteren, eines Freien und Gebildeten würdigen Scherzes einschränken, weder in vernichtendes Hohngelächter ausbrechen noch eine brausende phallische Lache aufschlagen wollen.

Waren nun solche Sätze, die jetzt freilich aus ihrem, überdies zerbröckelten, Lapidarstil erst mussten entziffert werden, in der vollständigen Poetik mit all der siegreichen Motivirungskunst dargelegt, welche dem Aristoteles in seinen

---

*) Dass nämlich statt σύμμετρα zu schreiben sei συμμετρία zeigt §. 1 συμμετρίαν θέλει ἔχειν τοῦ φόβου.

theoretischen Werken eigen ist, hatten ausserdem seine dialogischen, vielgelesenen Schriften sie in populär gewinnender Form vorgetragen: so ist die Vermuthung wahrlich nicht zu kühn, dass diese peripatetische Lehre von mitbestimmendem Einfluss auf die Entwickelung der neuen Komödie gewesen. Des Aristoteles ästhetische Schriften und die in seinem Geleise fortgehenden Bestrebungen der früheren Peripatetiker mussten die Empfänglichkeit des Publicums für die neue komische Gattung vorbereiten; sie mussten auch die gleich nach Aristoteles lebenden Dichter von theoretischer Seite her leiten und stärken, dass sie, im Bewusstsein ein von der Sache selbst gestecktes Ziel zu verfolgen, den Weg sicheren Schrittes betraten, auf welchen die tastenden Versuche der mittleren Komödie sich nur durch den Zwang äusserer politischer Verhältnisse hatten drängen lassen. Ein Menander z. B. würde nicht mehr zum | ὀνομαστὶ κωμῳδεῖν der alten Komödie zurückgekehrt sein, wären auch die dasselbe verpönenden Psephismata plötzlich aufgehoben worden; strenger noch als von der athenischen Theatercensur war ihm ein solches Zurückfallen in das „jambische Wesen" von den ästhetischen Gesetzen seiner Dichtgattung verboten, die mit Aristoteles das Poetische in dem Allgemeinen (καθόλου) erkennt. Und eben bei Menander, dem der Lobspruch philosophus scenicus*), wofern es ein Lobspruch ist, sicherlich mit demselben Recht wie dem Euripides gebührt, sind auch äussere Beweise peripatetischer Einwirkung vorhanden. Eine

---

*) [Vitruv. praef. libri 8 zu Anfang.]

untadelige Ueberlieferung*) nennt den Theophrast als seinen ‚Lehrer‘, und der Umgang mit dem Lieblingsschüler des Aristoteles wird auf Menander in noch ganz anderer Weise anregend gewirkt haben, als des dürren Atomistikers Gassendi Unterricht auf Molière. Wenn Theophrast dem jungen Dichter irgend ein Buch in die Hand gegeben, so hat er ihm Aristoteles' Poetik gewiss nicht vorenthalten; Menander hat sie nicht nur gelesen, er ist auch, so weit Nachahmer und Bruchstücke zu schliessen verstatten, mit ihren Grundsätzen in Uebereinstimmung; und bei der letzten lebensvollen Gattung griechischer Poesie muss der Aesthetik der Trost gegönnt werden, dass sie mit ihren Regeln nicht eine Nachzüglerin sondern eine Vorläuferin des Genies gewesen.

Nicht zu dergleichen weitergreifenden Betrachtungen veranlasst der siebente Paragraph des Unbekannten, belehrt aber dafür um so deutlicher über sein Verfahren mit den aristotelischen Worten, die hier meistens noch jetzt unsere Poetik zur Vergleichung darbietet. Der Excerptor, wie wir nun wohl schon den Unbekannten nennen dürfen, trägt erstlich die sechs Bestandtheile, welche Aristoteles (poetic. c. 6) an der Tragödie aufgewiesen, auf die Komödie über, ohne in den Benennungen irgend etwas zu ändern, und mit keiner andern Zuthat als der Schematenform und dem unverfänglichen aber auch nichtssagenden Terminus ὕλη. Aristoteles selbst hat schwerlich die Eintheilung bei der Komödie von Neuem entwickelt, sondern auf die Tragödie

---

*) Pamphila bei Diogenes Laertius 5, 36.

verwiesen in kurzen etwa solchen Worten: ἡ κωμῳδία τὰ μέρη ταὐτὰ ἔχει τῇ τραγῳδίᾳ, wie er es beim Epos thut (c. 24 | p. 1459 b 10). Solche Beziehung hat dann der Excerptor im Einzelnen verfolgt, und knüpft nun an sein Schema Definitionen und Bemerkungen über die sechs Glieder desselben. Drei von diesen, διάνοια (Gedankenhaftes) μέλος (Musikalisches) ὄψις (Scenisches), konnten dem Aristoteles keine Veranlassung zu besonderen Bestimmungen für die Komödie bieten; der Excerptor hat sich daher das für seinen Zweck Nöthige aus der Abhandlung über Tragödie geholt. Hier fand er sich jedoch in Betreff der διάνοια weiter auf die Rhetorik zurückgewiesen, und auf sie ist er auch mit einer wunderlichen Pedanterie zurückgegangen, die Cramer und die Besorger der späteren Abdrücke stutzig gemacht hat. Das fünftheilige Schema nämlich, welches unter καὶ πίστις steht, hat Cramer, und ebenso die Scholiensammlung zu Aristophanes, als nicht hergehörig in eine Note verwiesen mit der Bemerkung ‚quae ad Rhetoricam Aristotelis plane spectant'; in den anderen Abdrücken hat man geglaubt, es ohne weitere Bemerkung ganz weglassen zu dürfen. Die Sache verhält sich aber folgendermassen:

In dem Abschnitt der Poetik, wo Aristoteles nur kurz und vorläufig die sechs Bestandtheile der Tragödie definirt, sagt er (c. 6 p. 1450 b 11): ‚διάνοια nenne ich alles, wo‚durch die redenden Personen zeigen, dass eine gewisse ‚Sache ist oder nicht ist, oder wodurch sie eine allgemeine ‚Ansicht äussern (ἐν οἷς ἀποδεικνύουσί τι ὡς ἔστιν ἢ ὡς ‚οὐκ ἔστιν, ἢ καθόλου τι ἀποφαίνονται)'; und in dem

Abschnitt, welcher eingehend die sechs Bestandtheile bespricht, heisst es (c. 19 c. 1456 a 34): „Das die *διάνοια* „Betreffende mag an seinem Ort in den Büchern „über Rhetorik verbleiben (*ἐν τοῖς περὶ ῥητορικῆς* „*κείσθω*). Denn dieser Theil fällt mehr in das Gebiet des „dort Abgehandelten als in das der Poetik. Zu *διάνοια* ge„hört aber alles, was durch die blosse Rede zu bewerk„stelligen ist. Diess theilt sich in Darlegen, Widerlegen, „und in das Bewirken von z. B. Mitleid, Furcht, Zorn und „was dem ähnlich, und dann noch von Wichtigkeit oder „Geringfügigkeit"*). — Von | dem ausdrücklichen Citat der Rhetorik in der zweiten Stelle geleitet führt nun unser Excerptor die in der ersten Stelle angegebenen zwei Haupttheile der *διάνοια* auf rhetorische Termini zurück: „Die *διάνοια* hat zwei Theile, Sentenz und Beglaubigung (*διανοίας μέρη δύο, γνώμη καὶ πίστις*)' — mit ‚Sentenz (*γνώμη*)' gewiss die wahre Meinung des Aristoteles treffend, da dieser in der ersten Stelle über *διάνοια* mit den Worten *καθόλου τι ἀποφαίνονται* nur den Terminus *γνώμη* verdeutlichend umschreiben will, wie er ihn denn in der Rhetorik gerade durch diese Worte definirt (1, c. 21 p. 1394 a 22 *ἔστι δὲ γνώμη ἀπόφανσις οὐ μέντοι περὶ τῶν καθ' ἕκαστον . . . . ἀλλὰ καθόλου*)**). Bei dem anderen Theil

---

*) *μέρη δὲ τούτων τό τε ἀποδεικνύναι καὶ τὸ λύειν καὶ τὰ πάθη παρασκευάζειν, οἷον ἔλεον ἢ φόβον ἢ ὀργὴν καὶ ὅσα τοιαῦτα, καὶ ἔτι μέγεθος καὶ μικρότητα*. [Vgl. Vahlen in seiner zweiten Ausgabe der Poetik vom Jahre 1874 p. 173.]

**) Uebersieht man diese Stellen, so drängt sich die Vermuthung auf, dass auch poet. c. 6 p. 1450 a 6 *διάνοιαν δέ, ἐν ὅσοις λέγοντες*

der διάνοια hingegen, bei dem ἀποδεικνύουσί τι ὡς ἔστιν ἢ ὡς οὐκ ἔστιν, kann die Zurückführung auf die vornehmlich juristische ‚Beglaubigung (πίστις)‘ nur so eben noch damit entschuldigt werden, dass es Rhet. 1 c. 1 p. 1355 a 6 heisst: ἡ δὲ πίστις ἀπόδειξίς τις. Hiermit begnügt sich aber unser fingerfertiger Benutzer der Rhetorik noch nicht; da er nun einmal auf πίστις gerathen war, so ordnet er ihr auch schematisch die fünf*) juristischen Beweismittel (ὅρκοι, συνθῆκαι, μαρτυρίαι, βάσανοι, νόμοι) unter, welche die Rhetorik (1 c. 15 p. 1375 a 24) als πίστεις ἄτεχνοι aufzählt — eine Verkehrtheit von der ihn durch Streichung des ganzen Schema zu befreien um so weniger erlaubt ist, je deutlicher der mechanische Weg zu Tage liegt, auf dem er sich zu ihr verirrte, und je schlagender sie seine ganze Art und Weise bezeichnet. Es ist nur eine auffallendere, keine grössere Verkehrtheit | als die oben begangene war, wo er durch ebenso falsches Herbeiziehen der Rhetorik die λύπη zur Mutter der Tragödie gemacht hatte.

Nicht mehr vorhanden in unserer Poetik sind die wenigen, sachlich unbedeutenden, jedoch für einen Grammatiker viel zu gewählten und aristotelisches Gepräge

---

ἀποδεικνύασί τι ἢ καὶ ἀποφαίνονται γνώμην Aristoteles nur geschrieben ἢ καθόλου ἀποφαίνονται, von welchem καθόλου das ungeschickte καὶ ein Ueberrest ist, während das Glossem γνώμην auf demselben Wege entstand, den wir unseren Excerptor einschlagen sehen.

*) Das ε, welches über dem fünftheiligen Schema steht, ist das Zahlzeichen für fünf.

tragenden Worte über μέλος, der zweite Punkt, über den Aristoteles bei der Komödie nicht besonders zu handeln sondern nur auf die Tragödie zu verweisen brauchte. Also las der Excerptor in dem Abschnitt über Tragödie μέλος betreffend folgendes: ‚μέλος fällt in das Gebiet der Musik, daher wird man von dieser Kunst die genügenden Ausgangspunkte nehmen müssen', welche Verweisung, so sehr sie sich von selbst versteht, doch in der Abhandlung über Tragödie, nachdem μέλος als ein Hauptbestandtheil derselben anerkannt war, um der Vollständigkeit willen nicht fehlen durfte, und die Aristoteles sicherlich eben so gut gegeben hat wie er bei der διάνοια auf die Rhetorik, bei der ὄψις an den Maschinenmeister (c. 6 p. 1450 b 16), bei der λέξις an den Declamator und Grammatiker (c. 19 p. 1456 b 10) verweist. In unserm Exemplar der Poetik findet sich jedoch über das musikalische Element weiter nichts als dass ‚μελοποιία die bedeutungsvollste Würze (ἥδυσμα) der Rede sei (c. 6 p. 1450 b 16)'; an diese Worte schliesst sich sehr passend die Verweisung auf die Musik, wie sie der Excerptor erhalten und somit aus seinem vollständigeren Exemplar einen neuen äusseren Beweis der Unvollständigkeit des unsrigen geliefert hat. — Um so leichter lassen sich noch jetzt die aristotelischen Worte aufzeigen, welche bei ὄψις dem stark verderbten, jedoch unschwer zu verbessernden Satze des Excerptors (ἡ ὄψις μεγάλην χρείαν τοῖς δράμασι τὴν συμφωνίαν παρέχει) zu Grunde liegen. Dass sie in dem Abschnitt über Tragödie zu suchen seien, lehrt schon das allgemeine τοῖς δράμασι, nicht, wie man erwarten sollte, τῇ κωμῳδίᾳ. Wenn nun dort Aristoteles (poet. c. 6 p. 1450 b 16) sagt: ἡ δὲ ὄψις ψυχαγωγικὸν μὲν, ἀτεχνότατον δὲ καὶ ἥκιστα οἰκεῖον τῆς ποιητικῆς, so ergiebt sich bald, dass der Excerptor, statt des ungehörigen und nicht zu construirenden τὴν συμφωνίαν, geschrieben hat τῇ ψυχαγωγίᾳ oder ἐς τὴν | ψυχαγωγίαν: ‚die Scenerie gewährt den Dramen grossen Nutzen durch den äusseren Reiz‘ oder ‚für den äusseren Reiz‘. Mag dies noch so allgemein sein, es lässt sich doch behaupten, dass Aristoteles keine Veranlassung haben konnte, weder bei Tragödie noch bei Komödie mehr über ὄψις zu sagen, da er einmal dies ganze Gebiet als ἄτεχνον von der Poetik abgetrennt, in der Tragödie die Erregung der Furcht durch ὄψις, also z. B. den Furienaufzug des Aeschylus, getadelt (c. 14 p. 1453 b 7) und schon klar genug gezeigt hatte, wie wenig geneigt er ist als Muster von Komödie gerade die alte anzuerkennen, die freilich der Scenerie einen weiten Spielraum vergönnt.

Aber nicht so kurz wie ὄψις, μέλος, διάνοια konnte Aristoteles die drei übrigen Bestandtheile, ἤθη (Charaktere) λέξις (Sprachliches) μῦθος (Sujet), mit blosser Rückweisung auf den Abschnitt über Tragödie erledigen; jedes von diesen dreien war für die Komödie wesentlich anders zu bestimmen. Was über sie daher der Excerptor in der jetzigen Poetik nicht Nachweisbares beibringt, darf füglich aus dem vollständigeren Exemplar hergeleitet werden, wofern innere Gründe nicht dawider sind. Gleich jedoch bei der Aufzählung der an sich komischen Charaktere (ἤθη) sprechen vielmehr aufs empfehlendste alle Gründe innerer Art und vereinigen sich sonsther deutliche äussere Anzeichen für echt-aristotelischen Ursprung. Denn wohl des grossen Eintheilers würdig sind in ihrer umfassenden Kürze die wenigen Worte: ἤδη κωμῳδίας τά τε βωμολόχα καὶ τὰ εἰρωνικὰ καὶ τὰ τῶν ἀλαζόνων und — könnte man die Reihe abschliessend nach poet. c. 6 p. 1450 a 12 hinzufügen — ‚weiter keine (καὶ παρὰ ταῦτα οὐδέν)‛, da einen vierten an sich komischen Charakter schwerlich Jemand wird nennen wollen, der jene drei Bezeichnungen richtig und erschöpfend verstanden hat. Zwei gröber komische Classen, die des Possenreissers (βωμολόχος, scurra) und die des prahlenden Schwindlers (ἀλαζών, gloriosus), umfassen alle Spielarten einerseits der Schmarotzer und lustigen Sclaven, andererseits der Thrasones, Pyrgopolynices, der windbeutelnden Schächer jedes Zeichens und Gewerbes. Den Gegensatz zu ἀλαζών, bildet der in der Mitte genannte εἴρων, ein urattischer | Charakter und ein eigenthümlich attisches Wort, für welches weder die deutsche noch die lateinische*) Sprache, beide keine Conversationssprachen und daher so arm an feineren Charakter-Schattirungen, eine auch nur ir-

---

*) Der Annalist Fannius hatte, um den Charakter des Scipio Aemilianus zu bezeichnen, ihn εἴρων genannt (Cic. de orat. II., 67, 270; Brut. 87, 299), Cicero setzt das griechische Wort und daneben ein neugebildetes, dissimulantia, das keine Aufnahme fand (de orat. ibid.), oder er sagt ‚die Art von dissimulatio, welche die Griechen εἰρωνεία nennen‛ (Academ. pr. 2, 5, 15); hat er de orat. 2, 71, 289 blos mit dissimulatio das griechische Wort ersetzen wollen, so trifft auch ihn der gegründete Tadel Quintilians (9, 2, 44.): εἰρωνεία inveni qui dissimulationem vocarent, quo nomine quia parum totius huius figurae videntur vires ostendi, nimirum sicut in plerisque graeca erimus appellatione contenti. [Dass Horaz epist. 1, 9, 9 mit ‚dissimulator opis propriae‛ nur den lateinisch unübersetzbaren εἴρων um-

gend entsprechende Uebertragung möglich machen; und das Fremdwort ‚ironisch', wie es jetzt gäng und gebe geworden, besonders seitdem die Romantiker es zu einem alles- und nichtssagenden ausgeweitet haben, ist am wenigsten geeignet, einen scharfen Begriff von dem εἴρων zu geben, der das Salz der gebildeten athenischen Gesellschaft war und dessen Wesen Niemand so kurz und treffend bestimmt hat wie Aristoteles. Wohl hat Plato dem Musterbild eines attischen εἴρων, dem nichtswissenden Sokrates, ein unsterbliches Leben mitgetheilt, aber eben weil dieser εἴρων im Plato so lebendig und aus Einem Gusse ist, möchte es schwer gelingen, nach ihm den εἴρων und die εἰρωνεία überhaupt zu definiren, wenn nicht die aristotelische Ethik mit ihrer Nomenclatur und Diagnose menschlicher Naturen zu Hilfe käme. Dort heisst es (Eth. Nic. 2 c. 7 p. 1108 a 20) in Anwendung des Satzes, dass das Gute in der Mitte zwischen den beiden Extremen liege: ‚Der Wahre und die Wahrheit stehen in der Mitte; die Verstellung nach der Seite des Mehr heisst Prahlerei (ἀλαζονεία) und wer sie übt Prahler; die Verstellung nach der Seite des Minder εἰρωνεία und wer sie übt εἴρων'. — Und eingehender, mit Angabe einzelner Arten des ἀλαζών und einer schlagenden Bemerkung über das Ineinanderfliessen von εἴρων und ἀλαζών (4 c. 13 p. 1127 a 20): ‚Der Prahler trägt geschätzte Eigenschaften zur Schau, die er entweder gar

schreiben will, hat schon Lambin gesehen. Eine ähnliche Form der Umschreibung gebraucht er sat. 1, 10, 13: urbanus parcens viribus atque extenuans eas consulto.]

nicht oder nicht in solchem Maasse besitzt, umgekehrt verleugnet der εἴρων oder verringert sie; in der Mitte zwischen beiden steht der, welcher ganz er | selbst ist (αὐθέκαστός τις), wahrhaftig in Lebensweise und Rede, die Eigenschaften, welche er besitzt, eingestehend, sie weder vergrössernd noch verringernd ..... Wer nun mehr zur Schau trägt als er besitzt, ohne einen Zweck dabei zu haben, muss freilich für unedel gelten — denn sonst würde er an der Lüge kein Gefallen finden — jedoch wird man ihn eher für läppisch als für schlecht halten. Hat er einen Zweck dabei, so ist er, wenn er es um Ruhmes oder Ehren willen thut, ein noch nicht so sehr tadelnswerther Prahler*); sieht er dagegen unmittelbar oder mittelbar auf Geld ab (ἕνεκα ἀργυρίου ἢ ὅσα εἰς ἀργύριον), so ist das viel hässlicher. Das Eigenthümliche des Prahlers besteht nämlich nicht in dem was er ist und thut, sondern in dem was er beabsichtigt**); nach seiner Beschaffenheit ist er Lügner so gut wie Prahler, nur dass der Lügner an der Lüge als solcher Gefallen hat, der Prahler damit nach Ruhm oder Gewinnst strebt. Diejenigen nun, welche um Ruhmes willen prahlen, tragen solche Eigenschaften zur Schau, deren Besitzer von den Leuten gelobt oder glücklich gepriesen werden; diejenigen, welche auf Gewinnst aus-

---

*) Ich lese mit dem griechischen Paraphrasten οὐ λίαν ψεκτὸς ἀλαζών statt der Vulgata οὐ λίαν ψεκτός, ὡς ὁ ἀλαζών.

**) οὐκ ἐν τῇ δυνάμει δ' ἐστὶν ὁ ἀλαζών, ἀλλ' ἐν τῇ προαιρέσει. Die obige Uebertragung dieser und der folgenden Worte beruht auf Vergleichung von Rhet. I. c. 1 p. 1355 b 19, Metaph. Γ c. 2 p. 1004 b 25.

geben, solche, von denen auch die Nebenmenschen Nutzen haben, und wofür man sich, ohne es zu sein, lange unertappt ausgeben kann, z. B. für einen Wahrsager, einen Gelehrten, einen Arzt*)..... Die εἴρωνες dagegen, die sich im Reden verkleinern, müssen für edler an Charakter (χαριέστεροι τὰ ἤθη)**) gelten; denn nicht um Gewinnst willen, sondern um das | Prunkhafte zu vermeiden, reden sie so; meistens sind es wiederum geschätzte Eigenschaften, die sie verleugnen, wie auch Sokrates that; suchen sie aber diese Verstellung auch in geringfügigen Dingen und dem offenbaren Augenschein entgegen durchzuführen (οἱ δὲ καὶ τὰ μικρὰ καὶ τὰ φανερὰ προσποιούμενοι), so

---

*) Nach der Lesart des Bekker'schen Codex K^b: οἷον μάντιν, σοφὸν, ἰατρόν, mit welcher die von Bekker aufgenommene οἷον μάντιν σοφὸν ἢ ἰατρόν den Vergleich nicht aushält.

**) Aus dem ersten Capitel der Theophrastischen Charaktere erkennt man, wie sich in späterer Zeit die feinere Bedeutung von εἴρων verlor. Die dort an die Spitze gestellte Definition, welche von Theophrast selbst herrühren mag: ἡ μὲν οὖν εἰρωνεία δόξειεν ἂν εἶναι, ὡς τύπῳ λαβεῖν, προσποίησις ἐπὶ χεῖρον πράξεων καὶ λόγων stimmt mit der aristotelischen überein, wenn, was sprachlich allein möglich, ἐπὶ χεῖρον als synonym mit ἐπ' ἔλαττον gefasst und ‚eine sich selbst verschlechternde Verstellung' verstanden wird. Der wie ich nicht zweifele, spätere Verfasser der Schilderung des εἴρων schildert aber, als wenn er ἐπὶ χεῖρον ‚zum Bösen, um Böses auszuführen' verstanden hätte; auf jeden Fall ist der dortige εἴρων nichts anderes als ein sehr plumper Bösewicht, nicht einmal fein genug, um boshaft zu sein, und welchem Aristoteles nimmermehr ‚einen edleren Charakter' als dem ἀλαζών zugeschrieben hätte. — Die Definitionen des εἴρων und ἀλαζών in Bekk. Ann. 243 sind mit Aristoteles in Einklang, wenn sie nicht gar aus dieser Stelle genommen worden.

nennt man sie Zierschelme (βαυκοπανοῦργοι)*) und verachtet sie bald; manchmal erscheint sogar ihr Benehmen als Prahlerei, wie z. B. das Einhergehen in spartanischer Kleidung. Denn die unmässige Vergrösserung und die übertriebene Verkleinerung sind beide prahlerisch'. — Und wie hier das Verhältniss des εἴρων zum ἀλαζών nach dem Maasstabe der Sittlichkeit bestimmt worden, so wird in Rücksicht auf das Komische derselbe εἴρων mit dem βωμολόχος in der Rhetorik eben da verglichen, wo diese auf die Abhandlung über das Lächerliche in der Poetik verweist (Rhet. 3. c. 18 p. 1419 b 5): ‚In den Büchern über Poetik ist gesagt, wie viel Arten des Lächerlichen sind, von denen einige dem Freigebildeten anstehen, andere nicht . . . . . Die εἰρωνεία ist dem Freien gemässer als die Possenreisserei; denn der εἴρων macht den Spass für sich, der Possenreisser (βωμολόχος) für einen Andern'**). — Vielleicht hätte ein glücklich spürender Scharfsinn, ohne weitere Hilfe, aber dann auch wohl ohne allgemeinere Zustimmung, blos aus diesen Stellen der Ethik und Rhetorik die nach Aristoteles an sich komischen Charaktere auf die drei zurückführen können, welche der Excerptor nennt. Diesem aber wird nach dem Ungeschick, das er schon zweimal bei Benutzung der Rhetorik gezeigt, Nie-

---

*) Bei der Uebersetzung dieses ἅπαξ εἰρημένον habe ich mich an die Glossen βαυκίζεσθαι · θρύπτεσθαι (Hesychius) und βαυκίζειν · θρύπτεσθαι (Bek. Ann. 225) gehalten.

**) Mit etwas anderer Wendung heisst es Eth. Nic. 4 c. 14 p. 1128 a 34: ὁ βωμολόχος ἥττων ἐστὶ τοῦ γελοίου, καὶ οὔτε ἑαυτοῦ οὔτε τῶν ἄλλων ἀπεχόμενος εἰ γέλωτα ποιήσει.

mand gerade hier eine so glänzende Combinationskraft beimessen wollen; und wenn in Ethik und Rhetorik jene Dreizahl angedeutet scheint, so ist das nur ein Beweis mehr, dass Aristoteles sie auch in der Poetik aufgestellt und der Excerptor sie von dort abgeschrieben hat. Je sicherer dies nun darf angenommen werden, um so grösser wird das Bedauern über den Verlust, den unser Exemplar der Poetik an diesem Theil erlitten, besonders über den Untergang dessen, was dort zur Erörterung von εἰρωνεία näher musste ausgeführt sein. So viel lässt sich noch aus der Stelle der Rhetorik entnehmen, dass εἴρων als der eigentlich fein komische Charakter hingestellt war; von selbst erhellt, dass er vorzugsweise dem höheren Alter zugewiesen wurde*), und gar wohl konnten solche bejahrte εἴρωνες den menandrischen Komödien einen wesentlichen aus dem Terenz jedoch darum nicht erkennbaren Reiz verleihen, weil die geschickte Behandlung dieses Charakters zu derjenigen Hälfte des Menander gehörte, welche nach Cäsars**) Kennerurtheil dem ‚dimidiatus Menander' abging. Aber wie vieles nicht so auf der Hand Liegende musste Aristoteles dort zur Sprache bringen! Dass der εἴρων nicht selbst lächerlich ist, sondern nur das Lächerliche der Anderen, zunächst des ἀλαζών, hervorlockt, auffängt und zu-

---

*) Rhet. 2. c. 13 p. 1389 b 16: ‚Alte Leute versichern nichts und vermeiden alles Superlative mehr als recht ist (ἧττον τε ἄγαν ἅπαντα ἢ δεῖ). Sie meinen immer, wissen nie, zweifelnd sprechen sie immer mit vielleicht und etwa, ohne Einschränkung nie (παγίως δ' οὐδέν)'.

**) [Bei Suetonius im Leben des Terenz.]

rückwirft, dass also der εἴρων als solcher nicht monologisiren kann, dass er hinreichende Gutmüthigkeit haben muss, um nicht als bitterer Spötter ein peinliches Gefühl zu erregen, hingegen eine gewisse unverschämte Ruhe ihm nicht fehlen darf, damit er nicht in Demuth verfalle und aufhöre ein komischer Charakter zu sein — dies und was sonst dergleichen unser einer bemerkt, kann neben so manchem Anderen, das von einem aristotelischen Auge gesehen wird, in dem Abschnitt der vollständigen Poetik über ἤθη κωμῳδίας vermuthet werden. Der Excerptor hat nur die Rubrik desselben ausgezogen.

Nicht minder ist, was er über λέξις κωμῳδίας aufbewahrt, wohl nur ein sehr geringer aber darum nicht der unbedeutendste Theil dessen, was Aristoteles darüber gesagt hatte. Der erste allgemeine Ausspruch: ‚Die Sprache der Komödie ist die volksthümliche Umgangssprache' lässt wiederum einen Gegensatz durchblicken | gegen die alte Komödie mit ihrem phantastisch gaukelnden Stil. Aristoteles musste diesen um so entschiedener missbilligen, als er sogar in der Tragödie den einfacheren und einheitlicheren Ton der Späteren dem äschyleischen Wörterpomp vorzog (Rhet. 3. c. 1. p. 1404 a 30); und wer wird bestimmen wollen, wie viel leitenden Einfluss auch nach dieser Seite hin die Forderungen peripatetischer Theorie geübt haben mögen auf die vielgepriesene Abrundung und von Plutarch gerade in Vergleich zu aristophanischer ‚Buntscheckigkeit (ἀνομοιότης)' gefeierte Einfachheit des menandrischen Stils. Das Princip solcher stilistischen Forderungen deutet die Rhetorik (a. a. O.) an in dem Verlangen einer möglichst geringen Entfernung von der Wirklichkeit, und dieses Princip liegt auch der beim Excerptor folgenden Vorschrift zu Grunde, welche, wie sie in der Handschrift geschrieben steht und bisher gedruckt worden, freilich gar keinen Sinn hat, mit leichten Aenderungen aber so lautet: δεῖ τὸν κωμῳδοποιὸν τὴν πάτριον αὐτοῦ γλῶσσαν τοῖς [ἄλλοις] προσώποις περιτιθέναι, τὴν δὲ ἐπιχώριον αὐτῷ τῷ ξένῳ ‚der Komödiendichter muss alle übrigen Personen in seinem eigenen vaterländischen Dialekt, den Fremden dagegen in dessen Landessprache reden lassen', wodann der erste Theil der Vorschrift dies besagt, dass bei Komödie jene Rücksicht auf den allgemeinen Dialekt der Gattung nicht Statt habe, welche z. B. äschyleische Tragödien einem dorisch-sicilischen Publicum so gut wie einem athenischen vorzuführen erlaubt; die Komödiendichter müssen in dorischen Landen dorisch schreiben wie Epicharmus, in Athen attisch wie Aristophanes. Und — heisst es weiter — während in Tragödien Niemand den Oedipus in böotischem oder den Orest in argivischem Dialekt kann reden lassen, muss in Aristophanes' Acharnern der persische Gesandte persisch kauderwelschen, müssen in den Ekklesiazusen lakonische Weiber lakonisch schwatzen, darf ein griechischer Komiker — wenn es denn nicht Menander ist — im Καρχηδόνιος und nach dessen Vorbild Plautus im Pönulus einen Kathager punisch reden lassen.

An diese allgemeineren Bestimmungen über λέξις κωμῳδίας reiht sich nun füglich die Aufzählung der einzelnen Arten von Wortspass (γέλως ἀπὸ τῆς λέξεως), welche der Excerptor oben am Schlusse | des zweiten Paragraphen giebt, und das überaus Wenige, was seine eilige Feder über μῦθος der Komödie in gut aristotelischen Ausdrücken aufzeichnete: ‚Komisches Sujet ist ein solches, das aus lächerlichen Situationen (πράξεις)*) gebildet ist', setzt sogar als nothwendige Ergänzung die verschiedenen Arten des ‚sachlich Lächerlichen (γέλως ἐκ τῶν πραγμάτων)' voraus, die im dritten Paragraphen enthalten sind. Dorthin also werden wir jetzt zurückgeführt, nachdem uns die bisherige Prüfung des Einzelnen**) hinreichend über die Beschaffenheit des ganzen Stückes belehrt hat, dass es genug Aristotelisches aus der vollständigeren Poetik aufweist, um die Benutzung derselben überhaupt sicher zu stellen, jedoch auch Fremdartiges genug einmischt, um bei jedem

---

*) Ich finde kein besseres Wort um das Ineinander von Handlung und Zustand zu bezeichnen, welches für den aristotelischen Gebrauch von πρᾶξις wesentlich ist.

**) Der letzte Satz von §. 7 und der ganze §. 8 geben weder Aufschluss über Benutzung der vollständigeren Poetik, noch lehren sie sonst etwas Neues. Es genügt daher, über sie in aller Kürze zu sagen, dass der Satz in §. 7 ὁ μῦθος καὶ ἡ λέξις καὶ μέλος κτλ. mit dem Inhalt von poet. c. 6 p. 1450 a 23—b 20 übereinkommt und nur in der schon so oft berührten Weise auf Komödie anwendet was Aristoteles dort von Tragödie sagt. Man würde aber sehr irren, wenn man den Sinn dieses Satzes hineinemendiren wollte in die zerrüttete Stelle poet. c. 6 p. 1450 a 12—15. Was es mit dieser für ein Bewandniss habe, kann nicht in der Kürze und also nicht hier angegeben werden. — Ebenso überträgt §. 8 fast Wort für Wort auf Komödie was im zwölften Capitel der jetzigen Poetik über Tragödie zu lesen ist. Dies beweist allerdings, dass schon der Excerptor dieses die Reihenfolge der Abhandlung unterbrechende und Widerspruch in die Lehre bringende Capitel in seinem Exemplar der Poetik vorfand, ohne dass dadurch die Frage über Echtheit desselben berührt würde, in Betreff welcher ich den Neinsagenden beitrete.

besonderen Theile eine von dieser allgemeinen Annahme unabhängige Bewährung aristotelischen Ursprungs zu erfordern.

Aber gerade für jene Rubricirung der γελοῖα reden, abgesehen von der echt peripatetischen Schärfe des Eintheilens und Sicherheit des Benennens, zwei äussere Anzeichen so deutlich, dass sie uns kaum in dieser Umgebung entgegen zu treten brauchte, um als die in der Rhetorik zweimal aus der Poetik citirte erkannt zu werden*). Denn erstlich wird an der einen Stelle der Rhetorik das Theilungsprincip angegeben, nach welchem hier rubricirt ist. ‚Weil das Lachen' — so schliesst der Abschnitt über das Angenehme Rhet. 1 c. 11 — ‚zu den angenehmen Empfindungen gehört, so muss auch alles Lächerliche angenehm sein, sowohl lächerliche Menschen als lächerliche Reden und Handlungen (καὶ ἀνθρώπους καὶ λόγους καὶ ἔργα). Die näheren Bestimmungen über die Arten des Lächerlichen sind an ihrem besonderen Ort in den Büchern über Poetik gegeben'. Da nun in der Poetik über lächerliche ‚Menschen' bei Gelegenheit der komischen Charaktere das Nöthige

---

*) Dies ist denn auch Cramer'n nicht entgangen, der sich jedoch auf genauere Ermittelung des ganzen Sachverhalts nicht einliess. Er fährt nach den oben S. 136 Anm. mitgetheilten Worten so fort: ‚Verba credo sunt alicuius Commentatoris in Aristotelis tractatum de Poetica, quae eapropter notabiliora sunt, quod scriptor pleniorem eum quam qui ad nobis (sic!) pervenit, praesertim ἐν τοῖς περὶ γελοίου, (Vid. Aristot. Rhet. 3, 18) habuisse videtur.' Das videtur ist viel zu schüchtern und hat auch wohl die Besorger der späteren Abdrücke eingeschüchtert, welche diesen Fingerzeig ganz unterdrückt haben.

gesagt war, so blieben für die eigentliche Eintheilung nur noch die zwei Faktoren von ‚Rede und Handlung'*) oder, wie es bei unserem Excerptor heisst, γέλως ἀπὸ τῆς λέξεως und γέλως ἀπὸ τῶν πραγμάτων. — Zu diesem allgemein empfehlenden Anzeichen tritt nun noch das bestimmte Zeugniss des Simplicius in seinem Commentar zu den Kategorien. Er behandelt dort die verschiedenen Bedeutungen von συνώνυμον, dass es von Dingen Einerleiheit des Begriffs und der Benennung, von Wörtern Einerleiheit des Begriffs bei Verschiedenheit des Ausdrucks bezeichnet, und führt für die letztere Bedeutung Folgendes an (p. 43 a 13 Brand.): ὁ Ἀριστοτέλης ἐν τῷ περὶ Ποιητικῆς συνώνυμα εἶπεν εἶναι ὧν πλείω μὲν τὰ ὀνόματα λόγος δὲ ὁ αὐτός, οἷα δή ἐστι τὰ πολυώνυμα, τό τε λώπιον καὶ ἱμάτιον καὶ τὸ φᾶρος, und bald darauf**) (p. 43 a 27): ἐν τῷ περὶ Ποιητικῆς καὶ τῷ τρίτῳ περὶ Ῥητορικῆς τοῦ ἑτέρου συνωνύμου δεόμεθα, ὅπερ πολυώνυμον ὁ Σπεύσιππος ἐκάλει. Nun kommt aber in unserem ganzen jetzigen Exemplar der Poetik nicht einmal das Wort συνώνυμον vor, geschweige eine solche Definition, | und auch die von Simplicius gemeinte Stelle des dritten Buchs der Rhetorik***) (c. 2 p. 1405 a 1) enthält blos Beispiele von

---

*) Dieselbe Eintheilung wurde, nach Quintilian 6, 3, 22, von anderen griechischen Schriftstellern περὶ γελοίου angewendet und sie ist auch von Cicero (de orat. 2, 59, 240; 61, 248) durchgeführt.

**) Diese zweite Stelle des Simplicius hat Waitz (zu Aristoteles' Organon 1, 272) übersehen, sonst hätte er ihm nicht in der ersten eine Verwechselung der Poetik mit der Rhetorik Schuld geben können.

***) Die so zu schreiben ist: τῶν δὲ ῥημάτων [vulg. ὀνομάτων]

Synonymen. Erst die Rubricirung der γελοῖα bei unserem Excerptor, indem sie als zweite Art des wörtlichen γελοῖον das auf Synonymen beruhende nennt, zeigt den Ort in der Poetik an, wo Simplicius in seinem vollständigeren Exemplar*) jene bündig kurze Definition las.

In der Gewissheit also es mit Aristoteles zu thun zu haben, d. h. mit einem Manne den man beim Wort nehmen kann, darf der Versuch gemacht werden, die von dem Excerptor erhaltene nackte Aufzählung der Lächerlichkeiten wenigstens nothdürftig zu erläutern. Nur sehr geringe Hilfe gewährt hiefür der durch den aristotelischen Ursprung leicht erklärliche Umstand, dass der grössere Theil dieser Aufzählung, nämlich bis zur zweiten Art des sachlichen γελοῖον, sich mit Beispielen meistens aus Aristophanes von späterer Hand versehen noch an zwei anderen Orten vorfindet, erstlich in dem ἄλλως περὶ κωμῳδίας

τῷ μὲν σοφιστῇ ὁμωνυμίαι χρήσιμοι· παρὰ ταύτας γὰρ κακουργεῖ. τῷ ποιητῇ δὲ συνωνυμίαι, λόγῳ δὲ [vulg. λέγω δὲ] κύριά τε καὶ συνώνυμα οἷον τὸ πορεύεσθαι καὶ τὸ βαδίζειν.

*) Bei dieser Gelegenheit mache ich auf die meines Wissens noch nicht beachtete Glosse in Bekkers Antiattikistes (Anecdd. 101, 32) aufmerksam κυντότατον· Ἀριστοτέλης περὶ ποιητικῆς· τὸ δὲ πάντων κυντότατον. Da nichts dergleichen sich in unserer Poetik findet, so wäre in diesen Worten ein Fragment aus der vollständigeren Poetik zu erkennen, wenn nicht die für Scribenten und für Abschreiber gleich leichte Verwechselung von περὶ ποιητικῆς mit der uns ganz verlorenen und nachweisbar exoterischen Schrift περὶ ποιητῶν auch sonst vorkäme, und wenn man nicht geneigt sein müsste, eine Ausbeutung zu stilistischen Zwecken eher bei den exoterischen Schriften anzunehmen als bei den esoterischen. [S. Vahlen in seiner zweiten Ausgabe der Poetik vom Jahre 1874 p. 241.]

überschriebenen Stück bei Meineke fragg. comm. 1, 540 (Scholia Aristoph. Par. p. XVI n. VI; proll. ante Bergkii Arist. n. VI), mit welchem ein Abschnitt des von Cramer (Anecdd. Pariss. 1 p. 5) zuerst edirten, durch die Notiz über die alexandrinische Bibliothek berühmten Aufsatzes (Meinek. 2, 1237; Sch. Paris. p. XVIII, 95; Bergk. n. VIII §. 17, 18) bis auf wenige Varianten wörtlich übereintrifft. Das erstere Stück wird im Folgenden A, das andere B bezeichnet.

Zuvörderst nun ist die an der Spitze stehende Art der Wortspässe, das γελοῖον κατὰ ὁμωνυμίαν, auf den ersten Blick erkennbar als die unerschöpfliche | Fundgrube von Wortspielen, die auf verschiedenen Bedeutungen desselben Worts beruhen. Wer Beispiele sucht, findet sie reichlich Sophist. elench. c. 4. p. 165 b 30—40, denn die dort angeführten homonymischen Trugschlüsse können, wie jeder Leser von Aristophanes' Wolken zugiebt, mit leichter Wendung zu Lachschlüssen benutzt werden, und noch näher liegen die im 11. Capitel des 3. Buchs der Rhetorik beigebrachten homonymischen Witze (ἀστεῖα). Man kann es daher sehr ruhig verschmerzen, dass das Beispiel in A verderbt, in B nicht schlagend ist*). — Den Gegensatz zu dem homonymischen stellt das γελοῖον κατὰ συνωνυμίαν dar, dessen aristotelische Definition in der von Simplicius (S.

---

*) A: καϑ' ὁμωνυμίαν, ὡς τὸ διαφορούμενος (mit der Variante διαφορουμένοις) οἷον τὸ μέτρον, wo wohl ein καί vor οἷον ausgefallen oder das zweite Beispiel τὸ μέτρον von anderer Hand herrührt; B: καϑ' ὁμωνυμίαν ὡς τὸ διαφορούμενον, σημαίνει γὰρ τό τε διαφόροις οὖσι καὶ τὸ ἐπικερδέσι.

oben S. 169) erhaltenen Stelle gegeben wird: ‚wenn bei mehreren Wörtern der Begriff ein und derselbe ist'. Und auch das dort stehende dem Aristoteles sehr geläufige*) Beispiel οἷον τό τε λώπιον καὶ ἱμάτιον καὶ τὸ φᾶρος kann ohne Mühe lächerlich gewendet werden, z. B. so, dass Jemand sein ἱμάτιον ἔδυσε und dieser dann, mit Hinweisung auf die Einerleiheit von ἱμάτιον und λώπιον, für einen λωποδύτης angesprochen wurde, was allerdings gar kein ausgesuchtes jedoch ein formal völlig genügendes Exempel des synonymischen γελοῖον abgäbe, auf jeden Fall ein viel richtigeres als das in A und B aus Aristophanes' Fröschen (1153, 1157 Bergk.) beigeschriebene ἥκω τε καὶ κατέρχομαι· ταυτὸν γάρ ἐστιν. Denn in dieser Stelle wird gerade der jedem Griechen von vorn herein klare begriffliche Unterschied jener beiden Wörter hervorgehoben**), welchen der dortige Euripides nur deshalb übersehen muss, weil er persiflirt werden soll. — Auf die verschiedenen Begriffe bei gleichem Ausdruck und den gleichen Begriff bei verschiedenem Ausdruck folgt dann als dritte Art des γελοῖον die tautologische Wiederholung von lautlich und begrifflich denselben Wörtern. Dies nämlich ist, wie jedem im Organon Bewanderten ohne Weiteres einleuchtet, unter γελοῖον κατὰ ἀδολεσχίαν gemeint, und die Erklärung in A und B: ὡς ὅταν τις τῷ αὐτῷ ὀνόματι πολλάκις χρήσαιτο stimmt so genau zu Aristoteles' eigener Erläuterung (sophist. elen. c.

---

*) Topic. 1. c. 7 p. 103 a 10, 27; sophist. elen. c. 6 p. 168 a 30; phys ausc. 1 c. 2 p. 185 b 20; 3, c. 3 p. 202 b 13.

**) Viel passender hätte der dortige Vers 1159 können angeführt werden: χρῆσον σὺ μάκτραν, εἰ δὲ βούλει, κάρδοπον.

3 p. 165 b 15 τὸ ποιῆσαι ἀδολεσχῆσαι τὸν προσδιαλεγόμενον. τοῦτο δ' ἐστὶ τὸ πολλάκις ἀναγκάζεσθαι ταυτὸ λέγειν), dass sie wohl von ihm selbst herrühren mag. Beispiele jedoch, die hier mehr als sonst nöthig und von Aristoteles sicherlich nicht umgangen waren, sucht man sowol in A wie in B vergebens, und schon aus diesem Mangel allein müsste geschlossen werden, dass auch an den anderen Stellen die dortigen Paradigmen nicht auf Aristoteles zurückgehen. Inzwischen liefert sophist. elen. c. 13 p. 173 b 10. εἰ τὸ σιμὸν κοιλότης ῥινός ἐστι, ἔστι δὲ ῥὶς σιμή, ἔστιν ἄρα ῥὶς ῥὶς κοίλη ein Beispiel, das von formaler Seite um so passender ist, je weniger es eine deutsche*) Uebersetzung verstattet, und von einem Aristophanes, der in den Wolken (344) die 'Nase' gar spasshaft zu gebrauchen weiss, leicht eine sehr lächerliche Färbung hätte erhalten können. — Dass viertens unter γελοῖον κατὰ παρωνυμίαν Wortspiele zu verstehen seien, die durch Verlängerung oder Verkürzung des gebräuchlichen Worts zu Stande kommen, zeigen die Unterabtheilungen παρὰ πρόσθεσιν καὶ ἀφαίρεσιν, und sie lehren zugleich, dass die in A ganz verschriebene Erklärung ὅταν τῷ κυρίῳ ἔξωθέν τις ἅπτηται auch in B, wo sie ὅταν τῷ κυρίῳ ἔξωθέν τι κατάθηται lautet, durch das Fehlen der ἀφαίρεσις unvollständig ist; wenngleich die nähere Bestimmung ἔξωθεν, indem sie die Paronymie auf die beiden Wortenden beschränkt, für den Verlauf der Eintheilung nutzbar wird, und in τῷ κυρίῳ sich

---

*) Im Französischen hat man für σιμόν ebenfalls ein Simplex 'camus', im Deutschen nur das Compositum 'stumpfnasig'.

ein gut aristotelischer Ausdruck zeigt, den die Hinzufüger des Beispiels in A und B: ὡς τὸ μίμαξ [μώμαξ A] καλοῦμαι Μίδας nur missverstanden haben. Denn woher auch diese bis jetzt nicht aufgeklärten Worte genommen sind und wie immer sie mögen zu schreiben sein: so viel ist klar, dass wer sie aufstöberte, nach einem Eigennamen wie Midas suchte, also unter τῷ κυρίῳ nach spätem | Grammatikerbrauch 'Eigennamen' verstand, während doch die Paronymie sich ebensogut auf die anderen Redetheile erstreckt, und aus Stellen wie rhet. 3. c. 2 p. 1404 b 31, poet. c. 21 p. 1457 b 3 erhellt, dass dem Aristoteles τὸ κύριον ὄνομα das 'eigentliche, gangbare Wort' bedeute, welches durch Zusatz und Wegnahme in der Paronymie verändert wird. — An sie, die zu beiden Seiten des Worts spielt, schliesst sich als fünfte Art das nur ans Ende zu hängende Deminutiv-Suffix, κατὰ ὑποκόρισμα, ausreichend definirt und mit komischen Beispielen belegt von Aristoteles rhet. 3 c. 2 p. 1405 b 28: ἔστι δ' ὁ ὑποκορισμός, ὃς ἔλαττον ποιεῖ καὶ τὸ κακὸν καὶ τὸ ἀγαθόν, ὥσπερ καὶ ὁ Ἀριστοφάνης σκώπτει ἐν τοῖς Βαβυλωνίοις (fr. 30 Bergk.), ἀντὶ μὲν χρυσίου χρυσιδάριον, ἀντὶ δ' ἱματίου ἱματιδάριον, ἀντὶ δὲ λοιδορίας λοιδορημάτιον καὶ νοσημάτιον, wo mit Bedacht nur Appellativa aufgeführt sind, weil bei Eigennamen die Deminutivendung im Griechischen wie in anderen Sprachen so gewöhnlich ist, dass sie höchstens durch die Umgebung nicht als Wortform an sich auffallen kann. Nicht einmal diesen Unterschied haben die Zubereiter von A und B beachtet, sondern aus den ersten besten aristophanischen Stücken (Wolken 223, Acharner 475) hinzugeschrieben ὡς τὸ Σωκρατίδίον, Εὐριπίδιον. — Bis hieher nun konnte über die Bedeutung der aufgezählten Arten der γελοῖα kein Zweifel obwalten, und in allem Wesentlichen stimmten, trotz den ungenügenden Paradigmen, A B mit dem Excerptor zusammen. Nicht so in den zwei letzten Arten. Was des Excerptors γελοῖον κατὰ ἐξαλλαγήν mit den Unterabtheilungen φωνῇ, ὁμογενέσι, und was γελοῖον κατὰ σχῆμα λέξεως bedeute, will sich nicht sogleich mit Bestimmtheit ergeben, und vermehrt wird die Unsicherheit durch die abweichende Fassung in A B: ἕκτον κατὰ ἐναλλαγὴν ὡς τὸ, ὦ Βδεῦ δέσποτα, ἀντὶ τοῦ ὦ Ζεῦ. ἕβδομον κατὰ σχῆμα λέξεως. τοῦτο δὲ ἢ φωνῇ γίνεται [τοῦτο γίνεται ἢ φωνῇ A] ἢ τοῖς ὁμογενέσιν; denn hier sind φωνῇ, τοῖς ὁμογενέσιν Unterabtheilungen zu σχῆμα λέξεως, nicht, wie in der Handschrift des Excerptors, zu ἐξαλλαγή. In den späteren Abdrücken hat man auch beim Excerptor die Glieder des Schema nach Anleitung von A B versetzt, ohne jedoch die so versetzten Worte zu erklären, geschweige zu beweisen, dass sie nur in dieser Stellung eine Erklärung zulassen. Und doch könnte allein ein solcher Zwang die Umstellung rechtfertigen, da, wenn es auf Autorität ankäme, vielmehr A B, die in den Paradigmen spätere Einflüsse zeigen und durch das Fehlen von sieben Arten des sachlichen γελοῖον unvollständig sind, vor dem reineren und vollständigeren Excerpt zurückstehen mussten. Aber auch abgesehen von allen Autoritätsgründen, ist das Recht auf Seiten des Excerptors. Was nämlich Aristoteles mit σχῆμα λέξεως meint, zeigt poet. c. 19 p. 1456 b 9 τὰ σχήματα τῆς λέξεως . . . . οἷον τί ἐντολὴ καὶ τί εὐχὴ .. καὶ ἐρώτησις καὶ ἀπόκρισις καὶ εἴ τι ἄλλο τοιοῦτον. Und noch deutlicher in den Σοφιστικοὶ Ἔλεγχοι, wo die Schlüsse eingetheilt werden in solche, die auf dem Wortausdruck beruhen (παρὰ τὴν λέξιν), und in solche, die von demselben unabhängig sind (ἔξω τῆς λέξεως); als letzte der wörtlichen Arten wird dann, ganz so wie hier beim γελοῖον, der ἔλεγχος παρὰ σχῆμα λέξεως genannt, und die folgende Erläuterung desselben (c. 4 p. 166 b 10) ist so lehrreich für die grammatische Terminologie des Aristoteles, dass weder Verkürzung noch Uebersetzung am Orte wäre: οἱ δὲ παρὰ τὸ σχῆμα τῆς λέξεως [ἔλεγχοι] συμβαίνουσιν, ὅταν τὸ μὴ ταυτὸ ὡσαύτως ἑρμηνεύηται, οἷον τὸ ἄρρεν θῆλυ ἢ τὸ θῆλυ ἄρρεν, ἢ τὸ μεταξὺ [Neutrum] θάτερον τούτων, ἢ πάλιν τὸ ποιὸν ποσὸν ἢ τὸ ποσὸν ποιόν, ἢ τὸ ποιοῦν πάσχον ἢ τὸ διακείμενον ποιεῖν . . . . ἔστι γὰρ τὸ μὴ τῶν ποιεῖν ὂν ὡς τῶν ποιεῖν τι τῇ λέξει σημαίνειν [Intransitivum in activer Form], οἷον τὸ ὑγιαίνειν ὁμοίως τῷ σχήματι τῆς λέξεως λέγεται τῷ τέμνειν ἢ οἰκοδομεῖν. καίτοι τὸ μὲν ποιόν τι καὶ διακείμενόν πως δῆλοι τὸ δὲ ποιεῖν τι. Also dem Aristoteles ist hier σχῆμα λέξεως nicht eine 'Redefigur', wie es die späteren Rhetoren gebrauchen, sondern die grammatische 'Wortform' der Genera, des Activen und Passiven, des Indicativs, Optativs und Imperativs. Wie mit diesen, vorzüglich mit den Genusendungen, zu spassen, mithin ein γελοῖον κατὰ σχῆμα λέξεως zu bewirken sei, erhellt von selbst auch ohne Erinnerung an des Strepsiades Lection in den Geschlechtern; keineswegs aber lässt sich absehen wie zu einem solchen γελοῖον κατὰ σχῆμα λέξεως Unterabtheilungen wie φωνῇ, τοῖς ὁμογενέσιν passen sollen. Für sie will sich Aussicht auf Verständniss nur eröffnen, wenn man sie mit dem Excerptor auf γελοῖον κατὰ ἐξαλλαγήν bezieht und das in seiner Allgemeinheit unklare φωνῇ durch die ermittelten Bedeutungen der mehr Terminus-artigen ἐξαλλαγή und ὁμογενῆ begränzt. Nun ist aus der Rhetorik und Poetik zu erkennen, dass ἐξαλλάττειν, wozu τὸ εἰωθός oder τὸ κύριον gedacht wird, ein Abweichen von der gewöhnlichen Sprache sowohl in der Wortgestalt wie in der Wörterwahl*) bedeute, weit genug um aufzufallen, und nahe genug um an das Gebräuchliche anzuklingen und unmittelbar verständlich zu bleiben. Ferner sind (nach rhet. 3 c. 2 p. 1405 a 17; c. 4 extr.**) ὁμογενῆ Wörter, deren Begriffe zu derselben Gattung aber zu verschiedenen Species gehören; z. B. bitten (εὔχεσθαι) und betteln (πτωχεύειν) sind ὁμογενῆ, denn sie gehören beide zu der Gattung des Verlangens (αἴτησις). Vertauscht man sie nun, und sagt betteln wo die gewöhnliche Sprache bitten gebraucht, so ist das mit vollem Recht eine ἐξαλλαγὴ τοῖς ὁμογενέσιν zu nennen. Und gegenüber dieser in begrifflich gattungsgleichen Wörtern sich ergehenden ἐξαλλαγή, heisst dann ἐξαλλαγὴ φωνῇ jede lautliche, zugleich an- und abklingende Veränderung des gewöhnlichen Worts, gleichviel ob zu Anfang, in der Mitte oder am Ende. Das in A B zu ἐξαλλαγή hinzugeschriebene

---

*) Für Wortform: poët. c. 21 p. 1458 a 5 und c. 22 p. 1458 b 2—5; für Wörterwahl: rhet. 3, c. 2 p. 1404 b 8, 31, und c. 3 p. 1406 a 15.

**) Welche letztere Stelle so zu schreiben ist: δεῖ τὴν μεταφορὰν τὴν ἐκ τοῦ ἀνάλογον ἀνταποδιδόναι καὶ ἐπὶ θάτερα τῶν ὁμογενῶν. In Handschriften und Ausgaben wird sinnlos καὶ ἐπί nach θάτερα wiederholt.

Beispiel ὦ Βδεῦ δέσποτα, welches Bentley auf Aristophanes' Lysistrata 940 bezieht*), ist brauchbar für die ἐξαλλαγὴ φωνῇ, die hier den Anfang, in | dem aristotelischen Beispiel (poet. c. 21 p. 1458 a 6) δεξίτερον für δεξιόν, das Ende trifft, ebensogut aber, wie aus dem Begriff von ἐξαλλαγή folgt, die Mitte, also denjenigen Theil des Worts treffen kann, auf welchen sich weder die nur Anfang und Ende beherrschende Paronymie, noch der allein am Ende und mit feststehender Bedeutung mögliche Hypokorismos erstreckte. Zu jenen zwei früheren Gliedern der Eintheilung bildet nämlich die lautliche ἐξαλλαγή, welche an keine bestimmte Bedeutung gebunden sich auf jeden beliebigen Worttheil richten kann, in gleicher Weise eine passende Ergänzung, wie die begriffliche ἐξαλλαγή, indem sie die verschiedenen Arten derselben Gattung vertauscht, über den homonymischen, mit gleichen Benennungen, und den synonymischen, mit gleichen Bedeutungen spielenden Scherz hinausgreift.

Mit noch geringerer Mühe als in der nun abgeschlossenen, siebengliederigen Reihe des wörtlichen γελοῖον die Bedeutung der meisten Glieder sich feststellen liess, kann man Sinn und Umfang der Glieder, aus welchen (§. 3) die Reihe des sachlichen γελοῖον besteht, schon durch die un-

---

*) εἴθ' ἐκχυθείη τὸ μύρον ὦ Ζεῦ (Βδεῦ) δέσποτα. Die Anspielung auf βδεῖν ist in dem dortigen Zusammenhang verständlich, und Βδεῦ weicht von Ζεῦ nur in Einem Buchstaben ab, wenn ζ wie σδ klang, wofür ein beachtenswerthes Zeugniss in Aristoteles' Metaph. A c. 10 p. 993 a 5 vorliegt: οἱ μὲν γὰρ τὸ ζα ἐκ τοῦ σ καὶ δ καὶ α φασὶν εἶναι, οἱ δέ τινες ἕτερον φθόγγον φασὶν εἶναι καὶ οὐδένα τῶν γνωρίμων.

zweideutigen Benennungen bestimmen; und es bedarf nicht eben eines sehr geschärften Blicks für aristotelische Eintheilungen, um bald zu bemerken, dass die einzelnen Glieder nach der Weite ihres Umfangs in absteigender Folge geordnet sind. Voran stehen vier, deren jedes nicht blos zu komischen Einzelhandlungen dienen, sondern eine besondere Art von Sujet für eine ganze Komödie ausmachen kann; erstlich ὁμοίωσις mit der Unterabtheilung (τμήσει)*) πρὸς τὸ χεῖρον, πρὸς τὸ βέλτιον umfasst alle Komödien, deren Sujets auf ‚Verkleidung eines Besseren zu einem Schlechteren oder eines Schlechteren zu einem Besseren‘ beruhen. Das in A und B von Aristophanes' Fröschen hergenommene Beispiel (ὡς ὁ Διόνυσος εἰς Ξανθίαν, ὁ Ξανθίας εἰς Ἡρακλῆ) ist nicht falsch, aber ebensogut wie die vorübergehende Verkleidung des Xanthias zu Herakles, ist die dauernde und für das Sujet maassgebende des Dionysos zu Herakles, im Sinne des Aristophanes, eine ‚Verkleidung zu einem Besseren‘; und umgekehrt ist das Erscheinen des Zeus in Gestalt des Amphitryon, worauf die Amphitryonen-Komödien gebaut sind, eine ‚Verkleidung zu einem Schlechteren‘. — Angeschlossen an diese durch äussere Mittel bewirkte Verstellung erscheint zweitens die ἀπάτη, jede auf welchem Wege immer durchgeführte ‚Täuschung‘, sowohl die Intrigue, welche sich durch das ganze Stück hinzieht, wie das noch so kurze Betrügen eines Klugen oder Foppen eines Dummen. Nur letzteres jedoch ist enthalten

---

*) So statt des handschriftlichen χρήσει, nach AB: ἡ δὲ ὁμοίωσις εἰς δύο τέμνεται.

in dem was A B aus Aristophanes' Wolken 145—154 hinzufügen: ὡς Στρεψιάδης πεισθεὶς ἀληθεῖς εἶναι τοὺς περὶ ψύλλης λόγους, und es leuchtet ein, dass dieses Beispiel noch durch eine ansehnliche Menge anderer müsste ergänzt werden, wäre es der Mühe werth die weiten, jedoch durch den Begriff selbst scharf genug umschriebenen Gränzen der ἀπάτη mit Beispielen auszufüllen. Haben die unbekannten Zubereiter von A B für die noch übrigen sieben Glieder der Reihe keine treffenderen Paradigmen aufzutreiben gewusst, so darf es kein Bedauern erregen, dass, wie schon oben (S. 175) angezeigt worden, A B hier abbrechen und den ganzen γέλως ἐκ τῶν πραγμάτων mit den bisher genannten ‚zwei Weisen (τρόποι δύο)' abthun. — Um so weniger durch verengende Beispiele beirrt erkennt man in der beim Excerptor folgenden dritten Art ‚aus dem Unmöglichen (ἐκ τοῦ ἀδυνάτου)' die Süjets solcher Komödien, in denen, wie in Aristophanes' Vögeln, Luftschlösser errichtet, Chimären jeglicher Beschaffenheit aufgejagt werden, sei es mit utopischen Mitteln oder mit weltklugen. Denn hier liegt das Lächerliche zunächst im Zwecke der Unternehmungen. — Hingegen umschliesst die vierte Art ‚aus dem Möglichen und Verkehrten (ἐκ τοῦ δυνατοῦ καὶ ἀνακολούθου)' alle Verfahrungsweisen, in denen mit ungereimten Mitteln ein an sich möglicher Zweck soll erreicht werden. — Auf diese vier Arten vom weitesten, auch ein ganzes Süjet beherrschenden Umfang folgt dann fünftens mit schon merklich begrenzterem Gebiet das Lächerliche ‚aus dem Unerwarteten (ἐκ τοῦ παρὰ προσδοκίαν)' welches ausser den Einzelhandlungen nur noch den einen Haupttheil des Süjets, die Katastrophe, unter sich befasst. — Und immer mehr verringert sich der Spielraum bei den späteren Gliedern. [Das sechste, ἐκ τοῦ κατασκευάζειν τὰ πρόσωπα πρὸς τὸ μοχθηρόν, betrifft nicht mehr das Süjet oder die auf dasselbe einwirkenden einzelnen Handlungen der Personen, sondern nur deren Charaktere, also dasjenige Element des Drama, welches, gemäss aristotelischer Lehre, an Bedeutung erst ‚das zweite‘ ist nach dem Süjet, ‚dem obersten Prinzip und der Seele‘ (ἀρχὴ καὶ οἷον ψυχὴ ὁ μῦθος ... δεύτερον δὲ τὰ ἤθη poet. c. 6 p. 1450^a 38). Die komischen Charaktere nun erregen das Lachen dadurch, dass sie ‚ins Unedle gebildet werden‘ — ein kurzer Ausdruck für den ausführlicheren und bestimmteren Satz am Schluss des zweiten Capitels der Poetik, welcher besagt, dass, während die Tragödie ihre Charaktere über den Durchschnitt des gewöhnlichen Lebens emporhebt und bessere Menschen als die gegenwärtigen darstellt, die Charaktere in der Komödie jenen Durchschnitt nicht einmal erreichen sollen; die Menschen der Komödie müssen ‚geringere als die gegenwärtigen‘ sein (ἡ μὲν χείρους, ἡ δὲ βελτίους μιμεῖσθαι βούλεται τῶν νῦν p. 1448^b 18)]. — Das siebente Glied, ἐκ τοῦ χρῆσθαι φορτικῇ ὀρχήσει, kann neben vorübergehender Anwendung höchstens noch benutzt werden, um einzelne Personen zu dauernd komischen Figuren zu machen, wofern es nämlich Aristoteles nicht blos, wie der strenge Wortlaut allerdings besagt, auf ‚gemeinen Tanz‘ von der Art des Kordax und der Sikinnis beschränkt, sondern jede überladene Gesticulation (κίνησις), alle die Körperbewegungen darunter begriffen hatte, welche oft mehr noch als Reden und Thun die Person zu einer lächerlichen Erscheinung stempeln können. Wahrscheinlich muss die Annahme einer solchen Begriffserweiterung jedem dünken, der sich aus der ersten Hälfte des 26. Capitels der Poetik*) erinnert, wie dort ὄρχησις und κίνησις in einander übergehen. — An vorletzter Stelle erscheint als achte Art eine fein gewählte komische Einzelhandlung, etwa zu ein Paar Scenen auszuspinnen: ὅταν τις τῶν ἐξουσίαν ἐχόντων παρεὶς τὰ μέγιστα φαυλότατα**) λαμβάνῃ ‚wenn Jemand, der Macht hat das Grösste zu nehmen, dieses fahren lässt und das Unbedeutendste ergreift'. Man denke an Sancho Pansa auf Barataria. — — Und den Schluss bildet neuntens mit allerengstem Umkreise ein Lächerliches, das oberflächliche Betrachtung aus dieser sachlichen Reihe auszustossen könnte versucht sein, da eine bestimmte lächerliche Redeweise ja bezeichnet ist in den Worten: ὅταν ἀσυνάρτητος ὁ λόγος ᾖ καὶ μηδεμίαν ἀκολουθίαν ἔχων ‚wenn die Rede unzusammenhängend ist und keine Folgerichtigkeit hat'. Genauere Erwägung muss jedoch bald lehren, dass in einem Satze wie der, welchen Aristoteles selbst (Phys. ausc. 2 c. 6 p. 197 b 27) bei Erörterung des Begriffs von ‚vergebens (μάτην)' lächerlich nennt (εἴ τις λούσασθαι φαίη μάτην ὅτι οὐκ ἐξέλιπεν ὁ ἥλιος) — dass in einem solchen Satze: ‚er hat sich vergebens gebadet, weil die Sonne sich nicht verfinsterte', wo doch die verlangte Folgelosigkeit in vollstem

---

*) p. 1461 b 25 — 1462 a 10. Dort findet sich auch die Rechtfertigung für die dem φορτικόν beigelegte Bedeutung ‚überladen' (περιεργάζεσθαι τοῖς σημείοις p. 1462 a 6).

**) So mit Bergk, statt des handschriftlichen φαυλότητα.

Maasse vorhanden, dennoch das Sprachliche weder in Wortform noch in Wörterwahl vom Gewöhnlichen abweicht, also auch ‚das Lachen' hier nicht aus der λέξις entsteht, und folglich diese Art nicht in | die erste Reihe, den γέλως ἐκ τῆς λέξεως, gehörte. Vielmehr entspringt hier das Lächerliche rein aus der Begriffsverbindung d. h. aus dem Verhältniss der genannten Dinge zu einander, wird also mit Recht der Reihe des γέλως ἐκ τῶν πραγμάτων zugewiesen; und je leichter ein unsicher geführtes Eintheilungsmesser in solchem Falle schief schneidet, desto kenntlicher erprobt sich noch hier zuletzt die feste Hand des Aristoteles. —

So hat denn die Erklärung der einzelnen Glieder die Auffassung der ganzen Reihe als einer absteigenden bestätigt, und die erste Hälfte derselben streift so nahe an das Gebiet von μῦθος wie die Reihe des γέλως ἐκ τῆς λέξεως untrennbar ist von λέξις κωμῳδίας. Aber wie noch der Excerptor neben den einzelnen Wortspässen auch allgemeine stilistische Regeln aus dem Abschnitt über λέξις κωμική aufbewahrt (oben S. 165): so hatte ohne Zweifel Aristoteles ausser der Aufzählung von sachlichen γελοῖα noch allgemeine Anweisungen über Anlage komischer Sujets gegeben, wahrscheinlich in so unauflöslicher Verkettung der Begriffe, dass auch ein gewandter Excerptor nur die Wahl gehabt hätte zwischen vollständiger Mittheilung oder gänzlichem Uebergehen. Unser Excerptor, der auf Gewandtheit keinen Anspruch hat, erwählte das letztere, wenn nicht gar jener Abschnitt über μῦθος κωμῳδίας schon in seinem Exemplar fehlte.

Wie dem nun auch sei, und wie sehr allgemeine Anweisungen über komische Sujets den Werth des ganzen Excerpts erhöht hätten: die Ausbeute, welche es gewährte, war keinesfalls als unbeträchtlich zu verschmähen. Denn auch das Geringste, was sich zur Vervollständigung der Poetik noch auffinden lässt, bekommt Antheil an der eigenthümlichen Bedeutung, welche vor den übrigen Schriften des Aristoteles diejenigen Werke auszeichnet, in denen er die Gesetze menschlichen **Denkens** und **Dichtens** niedergelegt hat. Diese Werke, das Organon und die Poetik, konnten nicht durch zwei Jahrtausende zu Büchern von blos historischem Interesse herabgedrückt werden; sie haben den Werth und die unmittelbare Anwendbarkeit von **Lehrbüchern** unübertroffen behauptet. Für das Organon zeugt Kants*) Geständniss, dass die formale Logik seit Aristoteles nicht vorwärts gegangen; und Lessings begeistertes Anrathen vereinigt sich mit Goethe's und Schiller's lebendigem Beispiel, um auf die jetzige Poetik, nur ein Torso des grossen aristotelischen Werks, noch heutige Dichter hinzuweisen. Es entspringt aber diese unverminderte Brauchbarkeit der Poetik aus der Universalität ihrer Gesetze, und aus der weisesten Mässigung im Gesetzegeben. In allem Unwesentlichen ist sie, wie Schiller**) sich verwundert ausdrückt, ‚so lax als man sein kann‘, und das Wesentliche wird über wandelbare Sitten und Meinungen hinausgehoben, erscheint verknüpft mit unveränderlichen For-

---

*) [Vorrede zur Kritik der reinen Vernunft, S. VIII der zweiten Ausgabe.]
**) [Brief an Körner vom 3. Juni 1797, Bd. 4, S. 31.]

derungen der Vernunft, gegründet auf tiefer Erkenntniss der nicht minder unveränderlichen Leidenschaften. Mit nie nachlassender Strenge wird jeder Einfluss ferngehalten, den das Stoffliche der vorliegenden Dichtungen hätte üben können; weder die griechische Götterlehre noch die griechische Nationalsage, beide mit griechischem Epos und Tragödie so innig verschmolzen, färben im geringsten die allgemein ausgesprochenen theoretischen Lehren. Ausdrücklich wird die damals gangbare Meinung widerlegt (c. 9 p. 1451 b 23), als müsse der Tragiker seinen Stoff aus der bekannten Sage hernehmen; wo es darauf ankommt das Sujet von Iphigenia-Tragödien zu theoretischem Zwecke rein darzustellen (c. 17 p. 1455 b 3), ist die Erstgeborne des Agamemnon nicht einmal eine Hellenin, sondern ‚irgend ein Mädchen (κόρη τις)‘, sie wird nicht durch die Huld der Artemis entrückt, sondern ‚verschwindet auf eine den Opfernden unbekannte Weise (ἀφανισθεῖσα ἀδήλως τοῖς θύσασιν)‘, Taurien ist nicht ein Barbarenland, sondern ‚eine andere Gegend (ἄλλη χώρα)‘. Durchweg zeigt sich der weite, weltbürgerliche Sinn, welcher den Aristoteles im Mittelalter zum Lehrer auch der Barbaren gemacht hat, ein gegen das specifisch Hellenische kühles Verhalten, wie er, der Macedonier aus Stagira, es leicht annehmen konnte zu einer Zeit, da sein über Länder des Aufgangs und Niedergangs herrschender Zögling die uralten Marksteine der Völker umstürzte. Alles was ihm eigen und alles wovon er frei war musste vor Anderen den Aristoteles befähigen, auch das lebendigste Erzeugniss griechischen Lebens zu zerlegen, und er hat mit ruhiger Sicherheit an der griechischen Poesie die Scheidung des Formalen vom Stofflichen durchgeführt, zu welcher ein Plato sich nicht verstehen mochte. Dieser lässt sich nur | seltene, aber dann den Mittelpunkt treffende, theoretische Bemerkungen über Poesie gleichsam wider Willen entschlüpfen*); eingehender Behandlung hat er sie nicht gewürdigt, ja ihren Hauptgattungen, dem Epos und der Tragödie, hat er die Duldung versagt. In seinem reformatorischen Eifer, der sich auf Reinigung nicht auf Erweiterung des Hellenenthums richtete, wollten ihm jene poetischen Formen für die Griechen, die er im Auge hatte, nicht trennbar erscheinen von ihrem bisherigen mythologischen Inhalt, und diesen musste er als gotteslästerlich verwerfen; in seiner himmelstrebenden Spiritualität konnte er keine noch so vorsichtige Erregung der Leidenschaften für ungefährlich ansehen; und so hat er, der dichterischste unter den Philosophen, die Poesie mit Worten angefahren**), die bei all ihrer Härte die innerste Bewegung verrathen, als wenn er einer von Jugend her tiefgewurzelten Zuneigung auf Geheiss höherer Pflicht sich entwinden müsste.

*) Z. B. im Phädon p. 61 b: τὸν ποιητὴν δεῖ, εἴπερ μέλλει ποιητὴς εἶναι, ποιεῖν μύθους ἀλλ' οὐ λόγους, ein Satz, den Aristoteles fast mit denselben Worten ausspricht (poet. c. 9 p. 1451 b 27: τὸν ποιητὴν μᾶλλον τῶν μύθων εἶναι δεῖ ποιητὴν ἢ τῶν μέτρων, ὅσῳ ποιητὴς κατὰ τὴν μίμησίν ἐστι, μιμεῖται δὲ τὰς πράξεις) und der die Grundlage seiner ganzen Poetik bildet.
**) Rep. 2 p. 377 c; 10—p. 608.

ἀνώνυμος 81.
Aristīdes Quintilianus 128.
Aristoteles, Ethik 67; 125; 148;
„ 160.
„ Physik 15; 59.
„ Poetik 1; 81.
„ Politik 7; 108; 124.
„ Rhetorik 169; 177.
Augustinus 115.
εἴρων 159.
Epikur 96.
Euripides 60.
Eusebius 32.
Galenos 112; 150.
Goethe 4; 61; 84; 110.
Grynäus 46.
Heinsius 94.
Herder 86.
Horaz 159.
Iamblichos 36; 54.
Kant 184.
Klearchos 90.
Lambin 12; 94.
Lessing 1; 79; 144.

Lobeck 128.
Longinus 146.
Lucian 107.
Menander 152; 164; 165.
Milton 94.
Morus, Alexander 90; 110.
Müller, Eduard 5; 75.
Olympiodorus 123.
Platon 9; 28; 186.
Pletho 15.
Plutarch 130.
Porphyrios 32; 107.
Proklos 36; 45; 105.
Reiz 12; 92.
Schelling 111.
Schiller 184.
Simplicius 169.
Solger 77.
Stoa 76.
Syncellus 123.
Terenz 164.
Theophrast 162.
Xenokrates 107.
Wolf, F. A. 45.